福音の実り

互いに大切にしあうこと

オリエンス宗教研究所

本田哲郎対談集

×

浜 矩子
宮台真司
山口里子
M・マタタ

もくじ

Ⅰ

聖書の「愛」とは「人間を大切にすること」

本田哲郎×編集部

Ⅱ

経済学から

浜 矩子×本田哲郎

1　成長よりも分配を

III　社会学から

宮台真司×本田哲郎

IV　フェミニスト神学から

山口里子×本田哲郎

V

キリストは、すべての人に働いている

ムケンゲシャイ・マタタ×本田哲郎

●聖書本文の引用は原則として『聖書　新共同訳』（日本聖書協会）を用いています。
必要に応じて『小さくされた人々のための福音――四福音書および使徒言行録』（本田哲郎訳）を用い、（―本田訳）と注記しています。

本田哲郎対談集
福音の実り
I

本田哲郎×編集部

聖書の「愛」とは「人間を大切にすること」

「アガペー」＝「愛」でいいのか

――「愛」という言葉は日本でどのように浸透しているのか。神父さまはご著書で「愛という言葉は間違いではないか」と指摘されています。そこで、聖書の愛の掟とは「人間を大切にすること」というあたりからお話しいただけますか。

本田　新約聖書がギリシア語で「アガペー」と言うところを旧約聖書では「アハバー」（ヘブライ語）と言い、どちらも「愛」と訳されてきました。でも、「愛」と聞く時に多くの人たちが「愛情」とか「大好き」をイメージするものだとちゃんと理解しないまま、教会は不十分な説明を繰り返してきました。それがようやく、四百年前のキリシタンが「アガペー」のことを「御大切《ごたいせつ》」と理解していたことに着目するようになり、また山浦玄嗣《はるつぐ》さんもケセン語訳聖書で「おでえじ」と表現されて、そのほうがピンとくるとおっしゃっています。キリストがいちばん伝えたかった、神の本質を表すアガペーを「愛」と訳してしまったものだから、その概念を狭くしてしまったのです。

もちろん愛はとてもいいものです。しかし、愛は個別、選択的なものなので、だれかれに使い回しできるものではない。「愛」という言葉に普遍性を持たせようとしたために、教会の中で混乱が出てきました。よその子をわが子と同じように愛せるかというと、そうではないはずです。聖書の「互いに愛し合いなさい」という言葉は、すべての人に愛情をいだき、大好きになりなさいという意味でしょうか。私みたいに我が強いと、愛想笑いもしたくないという人もいるわけです。その人たちをも愛しなさいと言われているのだとしたら、私はキリスト者として、もう落第もいいところです（笑）。

ところで、イエス自身はすべての人に愛情をいだき、だれかれの別なく大好きだったのか。ファリサイ派や律法学者たちに対するあの強烈な対決姿勢を見れば、明らかに違うとわかります。イエスはあの人たちを愛せなかった。あるいは愛したくなかった。でも、なぜそんなに妥協することを拒絶しながらも関わり続けていたかといえば、つまりそれがアガペー、「大切にする」ということだったのです。イエスはファリサイ派の人たち、弟子たち、家族に対して、明らかにアガペーを実践しました。アガペーは一人ひとりを尊重して、その人がその人らしくのびのびと立ち上がれるように関わることです。だから、時には鋭い叱責も必要でした。「偽善者」「お前なんか白く塗った墓じゃないか」などのような発言がごろごろ出てきます。それらも「愛です」なんて変にくくってしまうと、おかしな話になってしまいます。それは「愛」ではなく、「大切にしたかった」ということです。

「ずっと『愛』と言い続けてきたのだから、今さら変えるわけにはいかない」というような、教会の不誠実さと言うか、意固地さが問題だと思います。例えば、「教会の外に救いはない」と何百年も言われ続けていました。それが、第二バチカン公会議で「教会の外にも福音が芽生えている」、救いがある、とまで宣言したわけでしょう。カトリック教会の指導者が他宗教者たちと一緒に祈るという、かつてなら教会の信仰をぐらつかせるようなことが、今は受け入れられているではないですか。

本田哲郎

わが子を愛せない親もいる

――互いに大切にし合うという関係は、簡単に言えば安心感という言葉で表せるでしょう。それは、一人ひとりを大切にしてくださっている神への信頼に重なってきます。

本田　やはり親子とか夫婦、恋人同士などの場合には、そのまま「愛」という言葉がふさわしいと思います。だから私は「愛」よりも「大切」がいいと言うのではありません。ただ、その愛というのも永遠不滅ではなくて、だんだん薄らいでいってかまわないということです。『コリントの信徒への手紙一』の13章にあるように「愛は、いつまでも残る」なんて、平気で訳してしまうから「あ、うちはやばいな」ということになるのです（笑）。

愛し合えるなら本当に神に感謝で、愛し合ったらいいのです。だけど、なかには自分の子どもに愛情がわかなくて苦しんでいる親もいる。そういう人たちへの福音とは、「神さまは、愛しなさいと言っているのではありませんよ。愛せたらラッキー、神さまに感謝。だけど、愛せないこともありますよ。でも、それはまったくあなたの責任ではありません。神さまが言ったのは『大切にしなさい』でした。愛情がわかなくても大切にしようね、ということです。『互いに大切にし合いなさい』『敵をも大切にしなさい』。憎たらしいと思っていてもね」ということです。それが福音のメッセージですよ。

愛は福音のメッセージではありません。放っておいても自然に生まれ、自然に薄らいでいって、最後は濡れ落ち葉みたいに互いをうっとうしがる。そんな愛だってあるわけです。「愛はいつまでも残る」と言い、その愛が途絶えているのではないかと不安がらせるのがこれまでの翻訳でしたが、あれは「大切にする思いは途絶えることがないよ」と言っているのです。

どんなところにも種はまかれている

また、愛の問題と同じくらい考えなくてはいけないのは、「福音を告げ知らせるというのは種まきである」という聖書解釈です。何百年にもわたってキリスト教のあらゆる宗派で、そのイメージで福音宣教がなされてきています。でも私は、それは違うだろうな、となんとなく感じていました。福音書を読むと、種まきについて語っている箇所は一つしかない。「種をまく人が、まきに出た。…あるものは通り端におちた。…あるものは土の少ない岩地におちた」（マタイ13・1－9とその平行箇所―本田訳）というところだけ。そして教会は、これを「あなたたちもしなさい」というメッセージだと教えてきました。だけどこの箇所では、農作業の常識に反して、種がまかれるはずのないところにも同じようにまかれています。ですから、よい土（畑）を目指してまいているのだけれど、ある種は間違って岩地にも落ちた、通り端にも落ちた、茨のしげみの中にも入った、のではなく、土があるところは生きていくための条件の良し悪しは別にして、どんなところにも種はまかれているというたとえ話です。

かつて宣教師がたどり着けなかった、または入れなくて種まきができなかったはずのところでも、人が人として大切にし合うような価値観、そんな豊かな実りが存在します。その実りを見つけたら「すごい、私たちも一緒にやらせてください」というのが福音宣教。神の国がもう到来していることを告知する働きのはずですね。しかし教会が教えてきたのは、種をまき、水をやって、囲いをつけて、動物が荒らさないように石垣を積むことでした。宗教としてのキリスト教を根づかせるための努力としてはそれでいいでしょう。

けれどイエスは、宗教というものに関しては非常にリベラルです。イエス自身、一度もキリスト教徒になっていないというのは周知の事実ですね。死ぬまでユダヤ教徒でした。そして聖霊降臨を経て、弟子たちは外に出て福音を告げ知らせ始めますが、不思議なことに、彼らの行く先、告げ知らせる場所は例外なくすべて会堂なのです。つまりユダヤ教の世界です。だから、福音はユダヤ教の世界でも告げ知らされます。無宗教の世界でも告げ知らされますし、またある人が仏教徒のままでも、他の宗教者のままでも福音を告げ知らされることができます。

宗教ではなく福音

イエスにとって宗教というのは、乗り越えるべき最初の規範とも言えるものでした。例えばユダヤ教には十戒を中心にした律法があり、それで自分の生きていくスタンスのようなものを確認しながら歩むことができました。でも、そこにしばられていたら福音は生きられないよ、というのがあの有名な安息日論争です。目の前に片手の不自由な人がいて、人々は虎視眈々《こしたんたん》とイエスがきょう（安息日）癒しの作業をするかどうか見ています。そこでイエスは言います。「あなたたちは自分の羊が穴に落ちた時どうするか。きょうは安息日だからって知らん顔しているか。引き上げるだろう」。ファリサイ派の理解では、それは労働になるし、律法違反だけれど、「大事なのは、目の前のこの人であって安息日（宗教の決まり）じゃない」というわけです。

安息日は人間のためにあって、人間が安息日のためにあるのではない。そのあたりからイエスのスタンスははっきりしていて、ユダヤ教という宗教を超えているのです。では、イエスはユダヤ教という宗教を超えて、それよりも優れたキリスト教を打ち立てたのでしょうか。教会はそう教えるし、私たちもそうだと思いこんできましたが、それは違います。どんな宗教も文化の花なのです。地域によって土壌が違えば文化も違うし、みんなそれに支えられながら生活しています。その文化の中で開いた花が宗教です。だからユダヤにはユダヤ文化の花としてのユダヤ教があるのです。そう見ると、宗教によって人が救われるのではないとわかるでしょう。人を救うのは宗教ではなく福音です。

隣人を、自分が大切にされたいように大切にする

――普遍的な福音に生きようとする時、文化、または宗教という枠とどう折り合いをつければいいのか。難しい問題では？

本田　そこでキリスト教という宗教と福音の発信の折り合いをつけようとすると、福音の普遍性を削いでしまうことになります。一つの宗教を着物のようにまとうと、「カタカナ文字の神さまという宗教はどうもね」くらいの苦手意識を持つ人からも福音を遠ざけてしまう結果になるでしょう。むしろ福音から宗教の服をはがしていく。そして人を人として大切にするという一点でいくことです。聖書にある神さまの教えの第一の掟は「あなた

の神である主を愛しなさい」、第二の掟は「隣人を自分のように愛しなさい」と、この二本柱をどんと立てるわけですよね。だけど不思議なことにイエス自身も、それからパウロも「大事な教えは一つ」とはっきり言っています。ある意味で「神を愛する、大切にする」というほうはカッコの中に入れてしまって、人間としてやることは「隣人を、自分が大切にされたいように大切にする」ということ。隣人を大切にした時、結果として実は神さまを大切にしていたことになるのだと（ローマ13・8－10、ヨハネ13・34、15・12）。イエスはまた、わたしの兄弟であるこのいちばん小さくされた者にしたのは、わたしにしていたのだと言います（マタイ25・40、45）。つまり、人間だけでいいということです。

十字架にかかる神の本質

そのための神さまの受肉でした。わざわざ弱さも限界も持った一人間になってくださって、その人間を通して、神がどれほど人を大切にされるかという、その神の本質が現れ出たのです。だから聖書の流れを見れば、例えば『ヨハネによる福音書』では、奇跡を行ってみんながちやほやする時、イエスは「わたしの時はまだ来ていない」という言葉を繰り返します。それが最後の晩餐で「父よ、時が来ました」と言う。やがて自分が十字架につけられて殺されることこそ「わたしの時」であり、「栄光の時」なのです。「子を輝かせてください。子があなたを輝かし出すためです」とイエスは続けます（ヨハネ17・1、5—本田訳）。そして十字架の上でいちばんみっともない死に方をします。

イエスの死にざまは、それはひどいものです。イエスにとっては、まさかと思うほどのつらさでした。そしてまわりから「お前は救い主だろう、キリストだろう、自分で十字架から降りてみろ」などとさんざん言われながらも、それはできなかった。その時、そこにいた百人隊長がみっともない死に方をしたイエスを見て、「この人はほんとうに神の子だった」（マルコ15・39—本田訳）と言った。それがヨハネの言う「栄光」です。ギリシア語では「ドクサ」ですが、それのもとになるヘブライ語のカーボードは「重さ、目方」を意味します。つまり、その人の中からしか出ないものです。キリストがいちばん無力な形で死んでいく、あの死にざまを通して、そこまで神さまは私たちのことを思っていてくださるということが響いてくる。そこに神の栄光（ドクサ、カーボード）、本当の値打ちが見えたということです。ユダヤ人たち、弟子たちですら気づかなかったことをローマの百人隊長が言い切りました。これは福音書の編集のテクニックかもしれませんが、そこに大事なことがあるのだということを福音記者は語りたかったわけです。

神は底辺で働かれる

――神父さまは、『フィリピの信徒への手紙』2章のキリスト賛歌で、「キリストは、神の身分でありながら、へりくだって、十字架に」という翻訳は間違いだ。「上から下へ降りてきた」のではないと解釈されていました。

本田　あれを間違いだと言ったのは、「キリストは、神の身分でありながら、自分を無にして、僕《しもべ》の身分になり」（フィリピ2・6、7）というふうに「身分」という訳し方をしてしまったからです。身分というのは必ず上下を想定します。しかし、原文は「モルフェー（形、あり方）」です。神の「あり方」は見えないあり方です。それが具体的な、見える形をお取りになった。それがいちばん底辺に立つ「オクロス（民衆）」の一人、「ドゥーロス（僕・奴隷）」だった。けれども、上からか下からか横からか、それはまったく語っていません。見えない存在だった神が見える形になったら、もろに僕の姿だったということ、それだけのことです（コロサイ1・15「御子は、見えない神の姿（エイコーン）」）。それにもかかわらず、『フィリピの信徒への手紙』では、そのあとに続く2章8節の「自分を低みに置き」（タペイノーセイ）が「へりくだって」という翻訳になっています。そうではなく、自分を空っぽにして、今までの神としての存在を放棄したということ。そして、神の本質を表現するとしたら僕の姿ですよ、ということなのです。

私たちはどうしても、天というのは上というイメージを持ちますね。しかし、創世記などを見ると、空と天は違います。空は間違いなく上です。しかし天とは、ヘブライ語ではハ・シャマイム、「神の仕事場、神がおられるところ」のことです。尊厳を表すための「上る、下る」をギリシア語で表現する場合も同じです。「天に昇る」とあるから「上空だ」というふうに、イメージするのはやめようということです。これはオリエント、東洋に共通する尊厳の言い回しです。それを旧約聖書的な裏づけで見てみましょう。新共同訳では『詩編』113編5節を「主は御座を高く置き」と訳しています。従来は続いてその高みから「天と地を見下ろされる」と訳されていましたが、それはやはりおかしいという声が新共同訳の作業の中で多く出ました。「御座は高い」けれど神さまがどこで働いているかというと、「地の低いところ」です。「ほこり」とか「ゴミ」がいっぱいたまっている、そこから天と地をご覧になるというのが原文でした。「御座を高く置き」と言うと、神さまは上空に座っているとイメージしてしまいますが、それは尊厳のすばらしさを語るだけであって、神さまの仕事場はいちばん低いところにあるのです。「弱い者を塵の中から起こし、乏しい者を芥の中から高く上げ、自由な人々の列に、民の自由な人々の列に返してくださる」（7、8節）とあるように、旧約の時代ですら、神さまは底辺から、誰一人落ちこぼれることのないところから一緒になって働いてくださっていると言っています。それを「上から降《くだ》って」のような表現にしてしまうと、本来の神を認めたことにならなくなります。

そしていちばんはっきりしているのは、イエスの生涯は底辺に生まれて、底辺で働いて、底辺で死んでいったということです。そういうところから見ても、『フィリピの信徒への手紙』は、見えないところで支えて、働いて、命を与え続けてくださっていた神さまが見えるようになってくださった。神さまはどこからか降りてきたのではなく、ありのままのいちばん底辺で受肉したのだと言っているのです。

聖書を相互補完的に捉える

――最後に釜ヶ崎との関係や、今お考えになられていることをお話ししていただけますでしょうか。

本田　釜ヶ崎については、来られてよかったなというのが実感です。時々「大変ですね、よく頑張っていますね」と言われますが、まったくそうではありません。少なくともある一定期間、釜ヶ崎で過ごすことがなければ、まず自分の福音理解も、信仰もまったく曖昧なままだっただろうと思いますし、そういう意味で来てよかったというのが正直な気持ちですね。そして日々、釜ヶ崎の人々の言葉、表情、行き交う時の素振り一つで、「あ、まだここにいていいのかな」と感じさせてもらっています。ありがたいと思っています。

ところで、「信仰、希望、愛」という言葉があります。この「希望」という言葉をはたしてそのまま受け継いでしまっていいのか、私は疑問なのです。普段私たちが使う希望とは、期待している通りになるか、ならないか。そういう曖昧さがどこかに残っています。しかし聖書でいう希望とは、例えばある人が、仕事が終えた時に賃金をもらえるという確かさによって働くというような「確かさ」です。「間違いなく主がともに働いてくれている」であって、「働いてくれているといいな」ではありません。私は翻訳していくなかで希望（エルピス）という言葉が出てくると必ず「確かさ」というふうに訳します。

それから信仰も、ただ「信じる」ではなく、「主が間違いなくサポートしてくれていることに信頼して行動を起こす」ところまでを言うのです。よく信仰とは納得することとか、心の問題と言われますが、そうではありません。

時々、聖書学者の間で、パウロは「信仰のみ」と言い、ヤコブは「信仰だけではなく、行いがなければいけない」というふうに正反対の意見をぶつけているという議論がありますす。しかし、私から見ればパウロも「信仰」という言葉を使う時には、「信頼して歩みを起こすこと、それが命なのだ」と言っている。「行いではない」とは「律法の行いではない」という意味であって、ファリサイ派の人々のように律法を後生大事に守っていれば、それで救いが保証されるということではないというだけの話です。ヤコブとパウロが言っていることは同じで、聖書の解釈として相互補完的なものなのです(ローマ3・28とヤコブ2・22を読み比べてください)。

よく「マタイの神学とヨハネの神学は違う」と言われるので、「では、どう違うのですか。どういう問題があるのですか」と聞いてもちゃんとした説明はなされません。マタイが言い足りなかったことをヨハネが言っているし、ヨハネが不十分なところを実はマタイがちゃんと言っています。ルカもマルコにしても同じです。聖書を相互補完的に捉え、ていねいに考え合わせるということをいつも大事にしてほしいと思います。これがカトリック教会の伝統的な立場でもありますからね。

本田哲郎対談集
福音の実り
II

浜 矩子 × 本田哲郎

経済学から

1　成長よりも分配を

もらうことのしんどさからの脱却

本田　浜矩子《のりこ》さんと対談の機会を設定してもらって、ものすごくわくわくしながら、でも、ちょっと半分怖がっているところもあるんです（笑）。それで、いくつか浜さんが講演されているビデオとかラジオの録音とかを聞かせてもらいました。その中で「あっ、そうだったんだ」と気づいて、もう少し詳しくお聞きかせいただきたいことがあります。それは、安倍（晋三）首相がいまだに成長とか発展という方向を目指していますが、浜さんは、それよりもむしろ分配のほうがどれほど世界を平和にするかというご指摘をなさっています。

特に釜ヶ崎にいると、分配の不正義はもう命にまでかかわってきていることだと、身に染みるほど感じています。ただ、成長よりも分配に軸足を置く場合、例えばどんな方法があるのか、また私たちはどうしたらいいか、よくわからないのです。簡単な形ではフード

浜　矩子

バンクなどが余った食べ物を釜ヶ崎に持ってくるということがあります。もちろんそれも分配なのでしょうが、それによって、その場は「ああ、よかった」となりながら、なんとなく尊厳がまたおとしめられたかなという気がするのです。無料で配布されることの良さとつらさとでもいうのか、配布する側は気分がいいかもしれないけど、それを受けねばならない側のしんどさというものがあるわけです。ですから、浜さんのご専門の経済の世界では、例えばこんなことがあるよ、こうすればいいんじゃないの、という提案をしていただけたらうれしいのですが。

浜　具体的な対策というのがいちばん難しいことですが、そういう一方的に恵んでもらうところから脱却するという試みで、よく事例として挙げられるのが、バングラデシュのグラミン銀行ですね。

ご承知の通りムハマド・ユヌス（一九四〇—、二〇〇六年ノーベル平和賞受賞）さんという人が作った構想で、グラミンというのは小さな、村の銀行というような意味です。それは極貧の人たちが、本当にもう一円、二円というような額のお金を自分たちのための銀行に預け、そして一方では、自分たちが、何がしかの事業を始めるための支援として提供される公的資金などの一部は必ずそのグラミン銀行に預金するという形をとります。本当にもうスズメの涙というよりは、ミミズの涙のような小さな預金ですが、預金者になるということができるわけです。そうしながら細々とでも小さな事業を始め、でもまだ物乞いもしているような貧困な生活を続けながらも、収益の一部を預金していくというやり方でだんだんと、言ってみれば「資産家」になっていくわけです。

また、このグラミン銀行というものがあることによって、それぞれが一人ではなくなります。わずかな資金ですけれども、みんな同じ立場で預金もするし、事業をすることによって、借りたものもちゃんと返済します。時には、「きょうは、自分はこれだけ返したぞ」という感じでお互いにプレッシャーをかけ合い、あるいはサポートし合ってもいます。

お金を借りて事業をし、そこからの収益で返済をする一方で貯金もする。そういう経済活動の一つの典型的なプロセスに、極貧の人たちが入っていけることを構想したという意味では、なかなかの試みだと思いますね。これが「マイクロファイナンス」とか、「マイクロクレジット」というふうに総称されるようになっていますが、グラミン銀行になぞらえた形で、超小口融資をベースに貧困者たちが経済活動の中に参画していけるということが、一つの分配の方法だと言えるでしょう。

これは、もういろいろな形で世界に広がっていますが、広がるとまた、いろいろな問題が出てきたりもしています。例えば、そこにビッグビジネスが注目してきて、結局のところ融資の時の審査などが普通の融資と同じようになっていき、極貧の人々であろうと施しだけに依存するのではなく、貧困のループ（輪）という悪循環から脱却するという当初の趣旨から、ちょっと離れてしまっている実態もあるようです。けれど、そのオリジナルのアイデアは、まさにフードバンク的なものではない方向性をもって始まったことの一つの事例として挙げられますし、それを参考にしていろいろなやり方が考えられるのではないかと思います。

ご承知の通り『ビッグイシュー』という雑誌があります。あれはホームレスの人たちが自ら売り子さんになって、販売力を発揮して売っていくものです。自分が売った額の半分近くが自分の収入になるという格好になっていますから、あれもホームレスの人たちの自立ということに焦点が合っているわけですよね。自立するということ、すなわち経済活動の担い手になるということ、この両者はまさに表裏一体ですが、そこに焦点を当てて工夫をしていくと、いろいろなことが考えられるのではないかということです。

再分配機能としての税

浜 けれどももう一つ、言わば政策・制度がもっとやるべきことがあります。それは、ある意味ではすべての政策、特に財政政策は所得の再分配のためにあると言ってもよろしいですね。だから租税政策はまさに所得再分配のためにあるのであって、お金を儲けている人からは所得を巻き上げて、それを恵まれない人たちへ、すなわち弱者もまともな生活が送れるように移転する。そういう所得再分配装置として政策全般、なかんずく財政政策、そして財政政策の中でも租税政策は、そういう機能を果たすべきところだと思うのです。ところが、今のアベノミクス、すなわち「アホノミクス」ですが……。

本田 よく、その言葉を出しましたね（笑）。

浜　そうなんです、ある時、思いついてしまったんですよね（笑）。その「アホノミクス」の中では、そういうことがまったく忘れられ、切り捨てられ、目も向けられない。消費税という税金は放っておけば、その所得再分配機能がまったくないどころか、言わば弱い者いじめになってしまうのです。

本田　やはりそうですか。

浜　ええ、すべての人に一律にかかってしまいますからね。本当に生活が苦しい人にとって消費税が上がるということは、今まで買えていたものが買えなくなるということですから、もう下手すりゃ、ご指摘のような生き死ににかかわる問題にさえなってしまいます。低所得者に対して負担がより大きくなるという、いわゆる逆進性ですね。これは租税政策として、まったく王道を外れているというか、本質的な機能から外れているわけです。税金というのは、たくさん稼いでいる人から、たくさん取るというのが当たり前なのですが、消費税は消費行為にかかるので、そういう部分がありません。だからこそ、その消費税を導入する当初でもそうですし、上げるという時には低所得者層に対する衝撃があまり大きくならないような手当て、つまり軽減税率やゼロ税率の適用ということが必要になります。そしてもう一つは、高額所得者が買いそうな高額商品には、より高い消費税率をかけるということだって当然考えてもいいと思います。毎晩シャンパンを飲んでいる人には、やっぱり七〇パーセントとかいう税率を課すのですね（笑）。

本田　賛成！

浜　それでも別にそういうお金持ちの人たちは、シャンパン飲むのをやめるとは決して思えませんから。

本田　経済が回ってきますものね。

浜　はい。そのような政策・制度の部分でも、もっと分配に焦点を当てた手当てというのは、いくらでもできると思います。

所得税でも高額所得者にかかる最高税率が、小渕政権の末期から小泉政権以降、どどっと下がってきて、かつて最高税率は七〇パーセントとか七五パーセントというレベルだったものが、今や三〇パーセント台になっています。だからそういう意味では、お金持ちは減税効果の恩恵に浴していると言えます。その「金持ち減税」の理屈とは、「どうせ儲けたって税金で全部持っていかれるのなら、これ以上金儲けしなくてもいいや」と彼らが働かなくなったり、やたら節税のことしか考えなくなるから経済活動が停滞するというものです。でも、それはやっぱり考え方としてはおかしいと思いますね。税金を納めるほうの納税倫理という問題も、もちろんあります。それぐらいのことはやりなさいよということを、誰もが当たり前のように「そうだよな」と思うような社会状況を、みんなで目指していくべきなのだと思います。

愛というテーマとのかかわりで言えば、やはり人をおもんぱかる、人の痛みをわが痛みのごとく感じることができる、それがアガペーという意味での愛だと思います。それを誰もが持っていれば、なんということなく高額所得者は高い税金を払うということになるだろうと思いますが、それをどうやって社会的な共通認識にしていくかというのが非常に大きなポイントだと思います。

本田　そこですよ、本当に。

当事者が変革をリードする

浜　それと、そういう方向に物事を持っていくということについては、やはりそのホームレスの人たち、貧困な人たちの声が直接聞こえてくるということも重要ではないかと思います。

つまり、世の中をまともな方向に持っていくために彼らも貢献するということです。これは貧困問題だけではなく、脱原発問題などでもそうですが、声を上げる人たちは当事者ではないというケースが意外と多いのです。つい先ごろ、京都で反貧困ネットワークの集まりでお話をしたのですが、非常に熱心に聞いてくださる方々が集まっていました。でも、その中に本当に貧困な人はあまりいらっしゃらない。聴衆はものすごい善意を持って、なんとかしたいと思っている人たちですけれども、実は本当の当事者ではないというようなことがあります。

本田 おっしゃる通りです。

浜 やはり当事者たちが、まともな方向への変革をリードする。その中心になるという流れを形成することができるといいなと思います。脱原発もそうで、特に福島では、直接の被害者たちは意外と脱原発を言わない。まわりでは一生懸命言っているのだけど……というので、そこに奇妙な対立の構図ができてしまうということもあるようです。そういうところをなんとかしたい。相手の立場になって考える――まさにキリスト教的な愛というのはそういうことだと思いますが――それがうまくできるかできないかで、こういうことの成否は決まるのかなということを、殊の外、最近強く感じますね。

本田 グラミン銀行や『ビッグイシュー』のようなケース、税金のかけ方、そんな形でちょっとずつ修正していけるのかなと思いながらお話を伺っていました。また釜ヶ崎の話で申し訳ないのですが、まわりにいる先輩たちのいちばんの喜びとは、仕事があるということです。仕事をして稼いできた時は、もう得意満面で、その辺をうろうろしている仲間に向かって「お前らも仕事行かんかい」って言うくらい、ものすごくうれしいのです。だからそういう形で、成長を目指すよりも、貧しい仲間たちにお金が入ってくるシステムを具体的に何か作れないものだろうかと考えるのです。

釜ヶ崎に独自の通貨を——「釜マネー」！

浜　そこに事業ができればいいというのと、もう一つは、釜ヶ崎なら釜ヶ崎のコミュニティの中だけで一つの経済共同体を作ってしまうということがあり得るかなという気もするんですね。その場合には、その共同体に固有の通貨というものを作ってしまう。それは多くの場合に地域通貨という形をとりますが、その中でお互いに給料を払い合うという、それこそ独立の小宇宙を作るということがあり得るでしょう。最初はちょっとお買い物ごっこみたいな感じですけど。そういう形でコミュニティがスタートアップするための基礎的なインフラ（基盤）作りのところは支援を得て進めてもいいと思いますが、そこから先は、もうその共同体の中で売り買いをして、いろいろな事業をする。そういうことが考えられるのではないかと思います。

　実際に、特に一九三〇年代、世界の大不況時においては、ドイツで割合にその事例が多いようです。例えば、ある地域共同体は、もう本当に疲弊しきって、滅びてしまって、そして誰もいなくなるというような状況に追いこまれました。でも、そこに地域通貨を導入したことで、その町ではその通貨を絶対に使うんだという合意ができ、その結果、驚くなかれと言いますか、閉山に追いこまれていた炭鉱を再開することができたそうです。そこでまた再び炭鉱労働者たちが働くようになり、その炭鉱経営者は、その地域に固有の通貨で給料を払い、労働者はそのお金で買い物をする。だから閉店に追いこまれていた町のいろいろなお店は、また営業を始めることができたということです。このような事例は結構ありますね。

　今、ヨーロッパではユーロという通貨の先行きが非常に危うくなっています。これにはさまざまな要因がありますが、もうユーロだけを頼りにしていては、先行きどうなるかわからないというので、イタリアやフランス、特にギリシアなど、そこの小さな地域コミュニティで独自の通貨を作って、それでお互いに支え合って経済活動を回しているというような事例は実際にありますね。だから釜ヶ崎でも、「カマー」とかいう独自の通貨を作ってみてはいかがでしょう（笑）。

本田　夏祭りを毎年開いていて、今回は四三年目でした。その祭りの三日間にいろいろなグループが出店しますが、そこで買い物できるようにと、「釜マネー」というものをプリントして作っています。アルミ缶を集めて普通の業者に持っていくと、キロでだいたい百円ぐらいですが、それを実行委員会では「二百釜」、つまり二百円という倍の値段で買い取るのです。このようにアルミ缶と交換に「釜マネー」をもらい、それを公園の中でのお祭りの出店では自由に使ってお釣りもくる。そんなことをやってはいますが、まだ遊びの段階ですね。

浜　遊びの段階から、本当に生活を支える、経済活動を回す通貨にどうやって昇格させていくかということですね。そのためには、やはり誰もがそれを本当の通貨だとして信認する必要がありますし、インフラの整備も必要です。それはだんだんにやっていくということになるのでしょうが、もうすでにベースになるものがおありだということであれば、もっと本格的にやっていってもいいと思います。

ただし、その場合ちょっと気をつけなくてはいけないのが、ドイツの事例などでもそう

釜マネー

ですが、そういう地域通貨がうまくいき始めると、必ず国がそれを止めにくるわけです。「こっちのほうがいいや」ということになると、法定通貨というものの信頼性が非常に落ちますからね。だから、こそこそ内緒でやっているということが必要ということになります。

でも逆に言えば、そういういろいろな形の地域通貨運動というのが、どーっと広がっていけば、政府もそうそうつぶしてばかりはいられないので、やはり円という通貨をもう一度信頼してもらうために、政策も考え直すことになるでしょう。なぜそういう運動が起きてくるのかというと、やはり成長と競争のことばかり考えているからだ。それならやはり分配の強化が必要だなというふうに、国のオーソドックスな政策レベルでも考え直さざるを得なくなってしまう。本当はそういうところまで追いこんでいきたいのですけどね。

本田　そこまで追いこんでください。これだけ自信を持って発言されていると、おそらくいろいろな反論やら、もう石ぶつけられるくらいまできていると思いますが、浜さんのようにあそこまでズバッ、ズバッとおっしゃってくださると、私たちはもう本当に胸のつかえが下りるんですよ。本当にありがたいなと思って。

浜　ああ、それはすごくうれしいです。

2　人間を大切にする経済活動とは

食料自給率をゼロに

本田　もう一つおっしゃっていたのが、日本ではわざわざ食糧を作らなくてもいいじゃないか、どんどん輸入して、そして日本でできたものを輸出して、そっちのほうで経済を立て直すこともできるのではないかということです。そんなことはあり得るのかと、ものすごく新鮮な発想でした。

浜　自由な貿易というのは、そういう特性を持っているというか、そういう広がりがあるからこそ、人間に利益をもたらすと思うのです。だから、おっしゃっていただいた点について申し上げれば、すべての国において食糧自給率というのは、ゼロパーセントでいいのではないかと思っています。

本田　わざと極論をおっしゃっているのですか。

浜　いや、ある意味では貿易がうまくいっていれば、おのずとそうなるのではないかと思います。これについては貿易理論の大家であるジャグディーシュ・バグワティーというインド系アメリカ人の経済学者が「自由貿易こそが戦争に対する最大の防波堤である」という言い方をしています。つまり、お互いに相手のためにものを作っているという状況になれば、絶対にけんかなんかしないわけですよね。すべての国々で食糧生産はしているけれど、そのいずれの国も自分たちのためにではなくて、誰か他の人々のためにしている。このような状況では、食糧自給率はゼロですが、食糧の供給は非常に安心していられるのです。こんなにみんな仲良しになれる姿はないと思います。

本田　今までの常識は逆ですよね。

浜　逆ですね。よく、「食糧安全保障」という言い方がされますが、その考え方というのは、やはり食糧を独り占めするという発想につながり、それこそ、どんどん愛の世界から遠ざかっていくわけです。独り占めということは、しだいに相手の持っているものも奪い取っていくという発想に発展します。そうすると、その先にはやはり戦争が待っています。だから、それと逆の状況を考えれば、食糧自給率はゼロにすることだと思うのです。

本田　すごいなと思ってね。『使徒言行録』には、いわゆる最初のキリスト教にまだなっていない、原始キリスト教団と言われるようなグループの姿が描かれています。その中に、彼らは何物をも自分だけのものとする者は一人もいなくて、すべて、汚《けが》れの負の部分までも含めて共有していた（使徒4・32）という表現があって、そうだよなと思っていました。あれは浜さんがおっしゃっていることと、何かこう響き合うような気がしたのです。自分のために何かを作ったり、ものを囲っていたりではなくて、相手のために、または誰かのためにというのであれば、こっちは空っぽでもいい。また入ってくるから何も心配ない。それは経済学の部門から表現した「神の国」の一つの姿なのかな。だから福音宣教での一つの大事な強調点かなと思ったりもして、今日は楽しみにしていたのです。

切り捨てられた人々の力をよみがえらせる

本田　先ほどの地域マネーの話（四〇頁参照）に戻りますけれども、お話しした「釜マネー」という地域マネーを発行するために、最初は夏祭りの実行委員会がカンパを集め、それをもとに一般市場の倍の値段でアルミ缶を買い取りました。交換する時は、みんなニッとするわけです。だけど後になってみると、結局それは倍の値段で買ってもらえたという施し的なものだから、あんまり大きな顔もできないというような思いも出てくるのかな、という気もするのです。

そういうところで、私たちが「釜ヶ崎反失業連絡会」というところでやっているのは、仕事作りという形でもっと公平に配分する方法はないだろうかということです。金持ちだけが抱えこむのではなくて、仕事を作って、それに賃金がつくということです。それについてはいかがでしょうか。

浜　そういう意味では、今の状況は結構チャンスかもしれません。今、世の中ではにわかに猛烈な人手不足だという話になっていますよね。なぜかと問われれば、「アホノミクス」的には「景気がよくなったからです！」とすごく言いたいわけですが、実はそうではなくて、使える人材のプールが非常に小さくなってしまっているという問題があります。

まさに、このホームレスの方たちが増えていることと反比例して、実際に働く、あるいは失業しているがすぐ働けるという即戦力的な人が減っているという現実があります。それこそ建設業などは、公共事業が増えることで多少はあおられてくるところもあるし、株が上がったとか言って、外食産業がほんのちょっとでも忙しくなると、もう人手が足りなくなる。デフレ下の日本経済はそういうぎりぎりのところで回ってきたわけです。外食産業にせよ、IT事業にせよ、何にせよ、やはり競争に勝たなくてはいけないというので、本当に即戦力として、歩留まり高く使える人だけを雇って、そうではない人は、どんどん切り捨てていきました。その切り捨てられた人たちがワーキングプアになり、やがてホームレスになっていきます。雇用したい側から見れば「使えない」「つぶしの効かない」人材になってしまう人たちが増えたがゆえに、今、人手不足になっているというわけです。つまり本当に人が足りないわけではなくて、今まで弾き飛ばしてきた人たちがたくさんいて、政策面でも、その人たちがまたいつでも職場に戻れるようなサポートなどということを全然してこなかったということがあって、今のような状態を招いているのです。

だからこのところ、私もこの問題についていろんな取材を頂戴しています。この間もNHKの岡山支局が、地方における人手不足問題の特集をやっていて、これをどう解消したらいいかということが議論になりました。そのとき、私がふと思ったのは、失業者とホームレスの人たちの中に人材を探すということをしたらどうかということです。長らく作業現場から遠ざかっているからスキルがなくなったという方はおいでになるでしょうが、やはりそこはちょっとサポートして、昔取った杵柄《きねづか》を思い出してもらってやってみてはどうかと思うのです。今は即戦力になる人の熾烈な取り合いになっているため時間単価が大幅に上がってしまい、それがまた中小企業の経営を圧迫しているというような状況がありまます。その一方では、潜在的には働くことができるのに、働けていない人たちの大きなプールがあるわけです。そこで「オルタナティブ・ハローワーク（新たな職業紹介所）」とでもいいますか、あるいは人手を探している人たちに対して、「釜ヶ崎にこういう人たちがいるよ」というような情報が発信されていくような態勢も可能ではないかと思うのです。

本田 私たち釜ヶ崎から見ていると、釜ヶ崎の大変な状況がどんどん日本全国に広がっていて、みんなが「釜ヶ崎化」、あるいは「山谷《さんや》化」していくような怖さがあります。それに対する手当ては何もありませんからね。

浜 そうですよね。だから、これは実にバカげていて、そういう「オール釜ヶ崎化」「オール山谷化」が進行する一方で、人手不足で倒産に陥る中小零細企業があって、これぞねじれ現象ですよね。このねじれこそ、ちょっと手当てを施せば解消できる問題ではないかと思うのです。

本田 そのことも言ってください。

浜 そうですね。それもまたもっと言わないといけないなと思っています。

本田 「今はチャンス」とおっしゃいましたが、何か手当てを施すための政策などをお考えですか。

浜 つまり人手不足という現象が起きていて、みんな喉から手が出るほど人材が欲しいという時であるからこそ、「オール釜ヶ崎」の人々の力をよみがえらせることができると思うのです。ちょっとサポートするということについても、ともかく働き手が欲しいという側からすれば、時間単価がやたら吊り上がるぶん、再トレーニング、再訓練リーグに金を出すこともやぶさかではないという面も多分にあると思うのです。そうやって経済活動のループ（輪）の中に、皆さんもう一度入っていくことができるようにする。人手はいりませんという時は、なかなかそれをやっても踊らずということになると思いますが。

本田 そういう意味で、「今はチャンス」とおっしゃったわけですね。

浜 そうです。やはり、「ほら、ごらん」という感じもあるわけですよね。人をどんど

デモ出発前の集会で

ん切り捨てていくと、結局そのことで自分たちが首を絞められる。だから、やはり分配の重要性というのは、ものすごくあるのです。

本田　すごくインパクトありましたもの。「あっ、そうだったんだ」って。やはり、どんな場面でも成長こそ目指すべき目標だと思ってしまいがちですけど、浜さんは「そんな成長はもういい。分配に力を入れろ」とおっしゃっていたから、すごいなあと思って。

浜　やはり、成長とそれを支える競争のほうだけに目が向いていくと、どんどん参加率の低い経済になってしまいます。即時的に競争に役に立たない人をどんどん切り捨てていき、ひと握りの人たちがむしゃらに働いて成長率を上げているのですが、それでがんばっている人たちも疲れていくわけです。

本田　自殺にまで追い詰められて……。

浜　過労死になったりもします。放り出された人たちも、それこそ物理的に餓死に向かい、そして誰もいなくなったっていうことになってしまう。

本田　浜さんのおっしゃることは正解ですよ。そんなことはこれまで誰も言いませんでした。ただ発展の足を引っ張るようなことを言っているみたいにしか思われなかったのではないでしょうか。

浜　ところが、そうではないということです。

「美しく優しく」という排除の論理

本田　これは関係あるかどうかわかりませんが、私たちがいる大阪の市長（二〇一五年当時）である橋下徹さんが、釜ヶ崎を普通の町にしたいといろいろ動いています。校区も開放して、釜ヶ崎に作る学校に誰でも来られるようにするとか、すごい虹色のビジョンをたくさん並べます。だけど現場で働いている人、地元で生まれ育って活動している人、例えば私たちの「ふるさとの家」の責任者は二児の母ですが、「誰が来るの」って言っています。大学をそばに作ってみたところで、中高一貫校にして優秀な学校にしてみたところで誰が来るのかと、地元では全然相手にしていません。だけど、そんな発想で政治が行われています。そういう政策の軸となっているのが、ジェントリフィケーション（地域を再開発して高級化すること）とかいうものです。「美しく優しく」ということは、結局排除なのです。

浜　そうですね。

本田　排除のはずなのに、でも一方ではソーシャルインクルージョン（社会的包摂）などという言葉を使って「不十分な能力しかない人でも入れてあげるから」という発想にとどまっています。福音的な価値観というべき、最も小さくされている仲間たちの視座に立って世の中を変えていこうということが決定的に欠落していて、もうまったくお話にもなりません。

それで思い出したことは、かつて教育課程審議会の会長だった人が、「百人のうち二、三人いる優秀な子を伸ばせばいいんだ」と発言したことです。さらに、あとの非才無才はついていくだけの忠誠心だけ養えばいいというようなことも言っていました。彼はカトリック信者ですが、神の国は百匹の羊のうち一匹でもいなくなったら、羊飼いは九九匹をそこへ置いて、見つかるまで探しにいくというイエスのたとえ話と、まるで正反対のことを言うのです。

浜　信じられないですね。

本田　政治家や文化人などを見渡していると、ろくでもない人に限ってだいたいクリスチャンというのが私にとって常識になっていて、もうダメだなと思っていました。そうしたら浜さんがポーンと出てきて、ズバッと「アホノミクス」なんて言い出したものだから、いやあ、すごいなと思ったのです。だけど、その発想はどこから出てくるのでしょうか。

今までの経済の流れではとてももたないという、何か予言的なものでもあるのでしょうか。

浜　ちょっと考えればわかることだろうと思うのです。経済学の世界で特に、成長をしないとダメだ、競争力がすべてだという言い方をする中には、経済学という学問分野のその他の学問分野に対する、ちょっとしたコンプレックスがあると思います。こんなものは何の役にも立たないじゃないか。経済学なんていうのは、もう難しい、わからない、つまらない。経済学を大学で勉強しても就職にも役に立たない。自然科学のように実験を繰り返す中で緻密に一つの答えが出てくるという側面をもつものでもない。まあ、おさぼり人間がやっていることじゃないの——というような風当たり。あるいは予測も全然当たらないではないかと言われることに対して、「そんなことはどうでもいいんだ」と言い返すことができず、「やはり結果が出ないといけない」となってしまう。そういう強さを支えるものとしての存在感がなくてはいけないとされる中で、成長至上主義になっていったりするのです。あるいはもう算数至上主義といいますか、経済学がだんだん数学になっていってしまうという流れも、今日に至る戦後、非常に強まっています。ともかく数式で答えを出す。「数式だから論理的で科学的ですよ」と言うために、経済学を数学に変身させてしまうという流れがずっとあって、それが経済をテーマとした時に人々の考えを振り回している面があると思うのです。

ちゃんと聖書に書いてあった

本田　今、浜さんが主張していらっしゃることは、われわれがすごく待っていた内容ですが、それはご自身が経済学に取り組む中で、ぐっと底に行き着いたところから出てきているものですか。

浜　はい。そうですね。

本田　ああ、すごいなあ。

浜　経済学とは、本来はそういうものだと思います。経済活動とはそもそも人間の営みであるので、人間を不幸にするはずはありません。人間が不幸にならない経済活動のあり方とはどういうものかと考えれば、やはりそれは参加率が高くて、お互いに手を差し伸べ合っているということになるわけです。貿易というものもそうですが、たくさんの人が参加している活動は必ずより実り多いものになっていきます。多様な人たちが数多く参加していればいるほど、運動は盛り上がるし、共同体も生き生きとしてくるという、これはもう非常に簡単なことですよね。経済活動は人間しかやらないものですから、最も人間らしさが、そこににじみ出ていて然るべきです。そうすると、今申し上げたような、参加と手の差し伸べ合いというのはおのずと出てくる解答だと思いますね。

本田 すごいですねえ。浜さんはズバズバものを言って、切れ味が鋭いなと思っていましたが、ずっとクリスチャンだとは知らなくて、ましてカトリックだなんて想像もしていませんでした。ついこの間、「あの人はカトリックだ」と聞いて、それならああいうアイデアはカトリックであることから出てきているのかなとも思ったのです。でも今、お伺いしたら、やはり経済学そのものをぐっと突き詰めていったら、結局そこへ突き当たったということなのですね。

浜 逆に、経済活動というものの動き方が見えてくればくるほど、聖書の言葉がよくわかってくる感じになってきました。いろんなたとえ話が、はっと頭に浮かんできて、そういえばそうだよなという発見がすごくあります。「あっ、ちゃんと書いてあるわ」という感じですね。

本田 そうですよね。聖書から何かそれに合わせてこう変えていきましょうではなくて、現実にぶつかりながら、批判されながら、でもこれしかないっていった時に、ふっと聖書を見たら、「なんだ、前から書いてあったじゃない」って。

浜　そうなんですよね。まったくそういう感じ。

本田　私の聖書の読み方と同じだ（笑）。うれしいなあ。

浜　これは経済学の教科書かって思うくらいの時もありますね。例えば、あの「後にいる者が先になり」という「ぶどう園の労働者」のたとえ話（マタイ20・1－16）もそうです。既得権益を抱えこむということは、経済がうまく回らない一因ですが、その点から見てもあの話はすごいなと思いますね。

3　真実だったら共有できる

当事者が立ち上がるために何が必要か

――神父さまが先ほど投げかけられた質問に対して、浜さんからは当事者の立ち上がりということを指摘されましたが（三九頁参照）、そういうことは釜ヶ崎で実際なされているのでしょうか。

本田　それについてはものすごく困難を感じています。例えば、釜ヶ崎とか山谷《さんや》、横浜の寿町《ことぶきちょう》などは、様々なところから弾《はじ》き出された人たちの寄せ場みたいなところです。寄せ場と言われているところにも、もともとムラ共同体というつながりがある中での貧しさがありました。それが今は、全国各地から弾き出された多数の個人の寄せ場というのが現実です。ですから、協同組合を作ろうとしても難しいのが現状です。私たちが今一緒にやっている釜ヶ崎日雇労働組合でもよく「団結」と言うのですが、みんな「団結の接点がないよ」となってしまいます。だけど、やはり団結がないと行政に対してものが言えないからと、まだ諦めずに団結、団結と言い続けてはいるのですが、組合とは離れたところから見ている人たちからは、「それ無理なんとちゃう?」という声も聞かれます。もっと違うファクターで行動する、何か、そういう原理のようなものはないんだろうかという声ですね。

浜　こういうことを言うと、あまりカトリック的ではないかもしれませんが、やっぱり「怒り」ですね。

本田　怒りね！　すごい。

浜　そう。最大の求心力は、やはり「あいつをやっつけてやれ！」と共に怒ることだと思います。橋下徹市長とか「アホノミクス」に対して共通の怒りをもって陰謀を企てることです。ですから「陰謀」もすごく重要なキーワードだと思います。人間は、やはり何か陰謀を企てている時ほど元気なことはないじゃないですか（笑）。

本田　いやいや、浜さんからそう言ってもらうと本当にうれしいです。じゃあ、地で行っていいんだ（笑）。ああ、そうか。怒りね。私はさんざんクリスチャンとして育てられて、怒りはダメ、マイナスって、とにかく否定されていたけれども、四〇過ぎてから釜ヶ崎に行って、怒りの大切さは感じました。やはり「そうだ！」という怒りの共感度はありますね。

浜　すごいものがありますからね。

本田　いや本当にそうです。キリストのあの群れも、何かそういうものがあったのではないかと逆に思います。表現は違ったとしても、実は聖書にも書いてあったんだと。

浜　イエスさまも結構、怒る時は怒られますよね。

本田　神殿での、あの大暴れね。

浜　そうですよね。「平和をもたらすために来たと思うのか」ともおっしゃっています。

本田　「むしろ分裂だ」（ルカ12・51）と、そこまで言いますからね。

浜　だから、やはり非常に激しい怒りもお持ちだったのではなかろうかと思うのです。

福音は普遍的なもの

本田　余談になるかもしれませんが、最近つくづく、本来の意味はこうだと聖書が伝えていることと、「イエスさまが伝えたことはこれなんです」「神さまの思し召しはこれですよ」と教会が大真面目に言っていることとのズレをものすごく感じています。だからイエスが伝えたかった福音と、キリスト教会が伝えようとしている教えとは別物ではないか。むしろそんなふうに見てみると、「ああ、なるほどね」と思えるのです。だから、そんなこと言うと怒られるかもしれませんけど、今さら教会にテコ入れしても、あまり意味がないという気もしています。

福音は普遍的なものです。福音のメッセージだったら、左翼の活動家の間にも伝わっていって、「そうだ」って言ってくれるし、他の宗教の人たちも、恐らく「あっ、うちでもそれ言っているんだよ」と言うでしょう。だけどキリスト教会の教えとか信仰とかと言うと、やはりまず壁を作ってしまうし、敵視されたりもします。だから聖書を読めば読むほど、イエス自身はもともとユダヤ教徒であり、ユダヤ教を凌駕《りょうが》するような新しい宗教を興そうなんてさらさら思っていなかったのではないかと、それがもう実感なのです。

二千年間ずっと、私たちは「ユダヤ教を超えるキリスト教」という自負とともに、キリストの福音を一宗教のキリスト教に閉じ込めてやってきました。時々、キリスト教がなかなか伝わらないのはなぜかと聞かれますが、私は、「そんなものを差し出すから伝わるはずがない」と言いたいのです。だから本来なら、みんながキリスト教から卒業すべきではないでしょうか。あるいは卒業とまでは言わず、所属はそのままでも、そこは自分の居心地のいい居場所として取っておいて、やるとしたら普遍性を持つ福音を生きようよと、そんなふうに思っているのです。オリエンス宗教研究所の雑誌も、誌名は『キリスト教宣教』ではなく、『福音宣教』と正しく選んでいるのだから、それを伝えていってほしいですね。でも、どこかでキリスト教をもっと広めたいとか、もっと理解してもらいたいというところがあるのではないですか。

――しかし、それを脱皮するのはなかなか難しいことです。一方で脱皮したいという気持ちがありながらも、これは手探りです。ですから、教会は自分の母体としての共同体というか、居心地のいいところとして置いておき、教会全体がキリスト教を伝えるのではなくて福音を伝えていくという共通認識をもつということ。そしてその母体が私に、キリスト教の教えではなく福音を伝えに行きなさいと言って派遣する。こういう姿勢でコンセンサスが取れればいいのでしょう。さらにそれぞれの宗教がそういう形で、きらきら光る人間の大切なものをもっとお互いに大切にし合いながら生きていこうという態度に変われば、宗教の状況もずいぶんと変わると思います。でも、やはりどこかで、自分の選んだ宗教がいちばんいいのではないかという錯覚から抜け切れないですね。

本田　せっかく今ある教会を無にする必要はないのではないか、その中を変えて福音宣教共同体みたいにすればいいのではないか、とおっしゃったけれど、それは実現不可能だと思いますよ。

浜　今のお話を伺っていてふと思いましたが、もしかしたらイエスさまは、「わたしはキリスト教徒じゃないよ」とおっしゃるのではないでしょうかね。

本田　そこですよ。ユダヤ教も卒業したと思います。

浜　本当に父のみ言葉を伝えている、それを生きているということではないかと思います。同じように、カール・マルクスも「自分はマルクス主義者ではない」と言っています。ただ、真理を発見したいだけなんだということでしょう。

真実が人間を自由にする

本田　だから『ヨハネによる福音書』の8章に「真実はあなたたちを自由にする」（32節――本田訳）とあるのです。ちょこっと書いてあるだけですが。やはり浜さんは経済学で曖昧なところで妥協しなかったわけですね。成長路線は一見良さそうで、大勢には受けはいいかもしれないけど、それでは何も出てこない。だから結局、その逆の「成長よりも分配」ではないか。そこに真実があると主張される。クリスチャンでも、そういう方法論を取ることができるとはすごくうれしいですね。

浜　でも、確かに、先ほどおっしゃったような難しさはありますよね。だから、うっとうしくならないように、思いを共有するように進めていく必要があるでしょう。

――痛しかゆしですね。この本の読者の多くは、その教会共同体の一員ですから。

浜　思いを共有することは、それこそ陰謀を常に企てているということです。先ほどおっしゃった共通意識を持つということは、もう当たり前のことだと思います。

本田　だから折に触れて、こういう小さな本ででも浜さんのメッセージを発信してもらうと、「えっ、そんな考え方もありなの？」「これ誰が書いたの。左翼の活動家？」「いや、カトリック信者だよ」という反応の中で少しずつ変わっていくと思いますよ。そうやって少しずつ変えていくことがここの出版の使命ではないですか。

——そう思います。ただ私たちはキリスト教という輪の中にあって福音に触れてきましたよね。

本田　ちゃんと触れてきたかどうか、そこがもう心配です。言葉、用語としては触れてきて、「うんうん」とわかった気でいるかもしれません。だけど私の経験で言えば、釜ヶ崎に行く前は東京の世田谷にある神学校で聖書学を教えていて、そこで福音とはああだこうだと得々としゃべっていましたが、釜ヶ崎に行って初めて、「あっ、これが福音なんだ」と気づかされたのです。だから教会の中で長く勉強して、お祈りして、黙想していれば真実に気づくよというのは、ちょっと甘いのではないかという気がしています。

——そうでしょうね。ですから私たちは現実を直視する。そして人の生き方の真実をちゃんと見なくてはいけないだろうと思います。

本田　真実だったらみんなで共有できるのです。だから経済学においても、真実としてこれ以外ないという形で示されるわけです。それが違うというのであれば、証拠を挙げてきっちり反論しなくてはいけませんから、すごい力がありますよね。

浜　仕事の中にも、あるいは仕事を離れた日常の中にも、あえてキリスト教という枠の中で考えようとしなくても、やはりそこに福音はあると思います。いろいろなところに発見があるので、この中に入っていないといけないというふうに思わなくても、おのずとそこに入ってくるのですね。だから、気楽にというか、心配するものがないという感じですね。いろいろなところで、すごく力づけられますよね。

本田　本当に何も心配してない、何でも来いっていう感じですものね。カトリック信者で、こんなに自由な発想で、福音と響き合う発信をしてくださる方がおられるのは本当にすばらしい。

本田哲郎対談集
福音の実り
III

宮台真司×本田哲郎

社会学から

1　経験から学ぶ

社会の何を知っているんだろう

宮台　神父さまは、いつ頃から釜ヶ崎に入っていらっしゃるんですか。
本田　ちょうど二五年前ですね。
宮台　もう二五年。すると、一九八九年くらいですね。
本田　ええ、一九八九年の一一月でしたね。
宮台　それは、きっかけがあるのですか。
本田　はい。ちょうど修道会の管区長としての任期が終わって、どこでも行けるというフリーパスをもらった時に、山谷へ行こうか、釜ヶ崎にしようかと考えて、結局、釜ヶ崎に行かせてもらいました。その理由は、管区長時代に三年に一度、会員の視察に回らなくてはいけなかったのですが、その視察場所の一つが釜ヶ崎でした。そこで「えっ、まさか」というような思いがけない体験をしたのです。それは、神父の私が何かしてあげるはずなのに、なぜ、その人からこっちが変えてもらえたのだろうというようなものでした。今まで順調に、クリスチャンとして教会や神学校で学んできたことが、ひっくり返っていたんですね。それで、そこだったら何かあるという思いで決めました。

宮台　なるほど。神父さまの今おっしゃったことと、僕の八〇年代後半からの軌跡が、結構似ています。

本田　本当ですか。ちょっと聞かせてください。

宮台　ちょうど八九年は、僕が数理社会学で博士号を取った年です。僕は、もともと京都で育ちましたが、当時の京都の小学校はヤクザの子もいれば、社宅の子、農家や商店街の子もいるという多彩多様でした。そういう中でヤクザの子たちが僕を守ってくれていたということ、あと、女の子たちが僕を守ってくれたという記憶がありました。

たぶんそれらがベースになったと思いますが、八〇年代後半にフィールドワークをするようになった。当初のテーマは売春でしたが、調査の必要からヤクザと知り合いになることもありました。そしてその後、十年くらいフィールドワークが続いたわけです。

最初の動機は、自分が社会学博士だなんて、みっともないなあという感じでした。「俺がいったい、社会の何を知っているんだろう」というのがあって、「だったら、社会を知らなきゃ」と。おかしいですよね、社会学者がそういうふうに言うのは。しかし、本当にそうなのです。だから、神父さまのおっしゃったことが、すごく僕には響きます。

「自発性」じゃなくて「内発性」だ

本田　お詫びをしなくてはいけないと思っていたのは、編集部から宮台真司さんと対談してくださいと投げかけられた時、私は宮台さんのことは存じ上げませんでした。慌ててインターネットで検索したら、座談をされている動画があって、その時は、なんか、お高くとまっているふうにしか見えなかったのです。こういう人とは接点がないから、対談といっても困っちゃうなあとオロオロしていたところ、『福音宣教』を送ってもらって、「私たちの社会に希望はあるか」という宮台さんの記事（二〇一四年一二月号～二〇一五年二月号に三回連載）を読ませてもらいました。そうしたら「自発性じゃなくて内発性だ」と、ポーンと出していらした。そして、「善いサマリア人」に見られるイエスのあの行動のモチベーションは、いつも腸《はらわた》を突き動かされること、すなわち損得勘定である自発性ではなく、損得を超えた利他性、内から湧く力である内発性だったとおっしゃっていた。しかも、あの長い文章の最後のところでぐっと締めておっしゃっていたので、これはすごいと思い

宮台真司

ました。キリスト者になられて、まだそんなに長くはないでしょう。

宮台　そうですね。八年ぐらいです。

本田　それなのに、なぜこのようにいちばん大切なことをもうつかんでおられるのか。私などは何十年も聖書を勉強して、それでようやくつかめたことを、なぜこんな簡単に得ていらっしゃるのだろうと思ったのです。もちろん、それまでの社会学のいろんな積み重ねがあったからでしょう。それを読んで、「ああ、本当に謝らなくてはいけない」と思いました。

宮台　いや実は、まったく簡単ではありませんでした。もともとは、僕の父が旧制高校でルター訳聖書をドイツ語で暗誦していたので、家に文語訳の聖書がありました。だから以前からそれを読んで、一部を暗誦していたりしていましたが、本当の意味が分からないという状態がずっと続いていました。

ちょうどフィールドワークをしている時、ギリシアの哲学にもう一度ちゃんと取り組もうと思いました。大学で学んだ記憶から、ギリシア哲学が「自発性から内発性へ」と言っているのではないかという思いがあったからです。フィールドワークをするうちに人間の動機、とりわけ損得勘定（自発性）を超えた、内から湧く力（内発性）に関心が向いたことが理由です。

体験からつかんできた

宮台　それとは別に、やはりもともと聖書を読んでいたこともあって、イエスもファリサイ派——当時はパリサイ派と書いてありました——の出自ながら、ファリサイ派に対する「これはおかしい」というものの言い方が、すごくギリシアの人たちと似ているなあと思ったのです。

この数年は、あらためてまた福音書を読み始めました。そして、お世話になっている神父さまが聖書に詳しくていらっしゃるので、月に二回ずつ一緒に旧約聖書を読んでいます。それで、先の記事に一部書いたことですが、例えば「罪を犯したことのない者が、まず、この女に石を投げなさい」（ヨハネ8・7）について、日本ではこれまで著名な評論家たちが戒律の否定だと解釈しているけれど、どうでしょうって尋ねたら、それは違う、聖書学の常識からは外れすぎているとおっしゃる。

本田神父さまもインタビューでお話しになっていらっしゃいましたが（一九頁参照）、イエスは、別に新しい宗教を始めようと思っていたわけではない。むしろヤハウェ信仰はこういうものであるはずだという、いわばルネサンスです。大本に帰ろうという意識を抱かれたイエスから見るなら、しょせんは人が作った準則に過ぎないミツワー（矛盾に満ちたトーラーを履行不能な六一三の準則に噛み砕いたもの）の枝葉末節にこだわって人を批判している連中はおかしい。この箇所はそこにだけポイントがあるはずだとおっしゃっていただいたのです。

本田　その通りですよ。

宮台　だったら僕がずっと思ってきたことと、本当にぴったりだと思って。

本田　ぴったりですね。

宮台　だから、その神父さまにはよくいろいろ質問をして、ずいぶん助けられているんです。

本田　うれしいなあ。これだけ理論的にぐっと詰めていくことは、もう私などにはうっとうしいわけですよ。うっとうしいけれども、そういったことを積み重ねた上で、こういういちばん分かりやすい答えをポーンと出してくれたっていう、そのことがうれしいですね。私はもう、この理論の積み重ね、いろんな学者の言葉や紹介などは忘れていくことが多いのです。意図的にも無視しますけどね。

宮台　神父さまのお言葉は心強いかぎりです。

本田　だけど、これが出てくるために、これだけのことをしっかり積み上げていった学問的な結論として、この言葉をよく出してくれたなあと思ってね。

宮台　ただ神父さま、ご紹介いただいた文章には、学者の名前が多数出てくるけれど、学問をして得られたことを書いているのではありません。僕の体験から出てきたと言ってもいいかもしれません。つまりギリシアのフィジックス（万物学）に対するある種の実存的な理解があって、その後に福音書、そしてトーラー（律法、モーセ五書）に対する理解を得て、それをベースに自分が持っていた学問の知識を振り返って、結局そういうことかと。結局は同じことを言っているのに、僕は全然知らなかったという感じだったのです。

本田　浜矩子さんは経済の動き方が見えてくればくるほど、聖書の言葉がよく分かってくるとおっしゃっていました。結果から見たら、「あっ、ここにちゃんと書いてあった」というように。

宮台　そうですね。

もっとほんまもんの何かに触れたい

本田　でも、それこそがほんまもんだと思いますよ。私は幼児洗礼で、赤ちゃんの時からクリスチャンでしたから、正しい教えはこれです、こうしなくてはいけませんなどということをさんざん教えられてきました。そして、なかなかそこについていけない自分、だらしなさというか、もうそこに引っかかってばっかりいました。でも、いちばん大事なことは人を人として大切にすることだ。それ以外ない。パウロもそう言っているし、イエス自身がやったことも、安息日と人間とどっちが大事なのかという対比の仕方を見てもまさにそれだったとようやくわかったのです。それを宮台さんは自然体で言ってこられる。正直私としてはちょっと気になる表現もあったのですが、「でも、実はこうですよ」「それはこのあたりに説明してありますよ」と鈴木さん（編集長）に言われて、「ああ、なるほど」と思いました。宮台さんは損をするような表現をつい使ってしまうのでしょうか。もったいないという気もするのですが、それが逆にギャップになって、人の心を捕まえているのかと思ったりもします。でも、それで本当に同志としてはうれしい。だから、さっきも言いましたが、宮台さんのような人に本当の意味での福音宣教を進めていただきたいのです。私は、福音宣教というのはキリスト教伝道とは全然違うと思いますから。

宮台　はい。神父さまは先のインタビューでもそうおっしゃっていらっしゃいましたね。すごく同感します。

本田　だから、宮台さんのような方を利用してと言うとおかしいけど、活用させてもらって、教会がこれまで大事に教えてきたこととイエスの価値観とはずいぶんずれているけれども、もしイエスのほうに軸足を置いたらこうですよ、ということを訴えていかなくてはいけないと思うのです。鋭い感性を持っている人はたくさんいます。釜ヶ崎の労働者の人たちも、私らが唸《うな》らされてしまうような感性を持っていて、毎日のように気づかされることがあるんです。それを福音宣教師がきっちり識別しながら、「教会がこう言っているから、こうでしょう」ではなくて、「教会はこう言っているけれども、ローマ教皇は違うこと言っている。これは、どこがどういうつながりがあるのか」などということを問題にしながら、やってくれたらいいなと思っています。

宮台　最初、紹介欄に「信徒」と書きますかと聞かれた時、やはり書かないほうがいいなと思いました。というのも、今、神父さまがおっしゃったことで、「キリスト教の教えはこうなので」というふうに受け取られると嫌だなと思ったからです。

本田　そう。やはり、キリスト教の教えは賞味期限が切れていると言えるでしょう。昔、うちのじいちゃんやばあちゃんの頃には、それで支えられていたというのは間違いないと思いますが、今の人たちにとっては、もうただ古いだけです。だから、キリスト教の教えと、キリストの価値観というのは、しっかり分ける必要があると思います。

宮台　はい。僕は他の宗教の教団組織でも話をすることがよくありますが、キリスト者としてというよりも、神父さまが福音とおっしゃっているような部分、つまり僕に響いているものを話すことを心がけています。さもないと、話を受け入れてもらえません。

本田　それがいちばんいいですよね。自然体で説得力もあるし。

宮台　そのようにさせていただいているものの、僕が信徒だということは、じわじわとバレてきているようです。まあ当たり前ですけどね。

それと、僕がそういうふうにしたことにはもう一つ理由があります。国際的なＮＧＯがたくさんあるなか、日本にもケン・ジョセフというイラク系のアメリカ人が代表をしている災害時の救援活動グループ「日本緊急援助隊」があります。彼もクリスチャンですが、基本的には自分がクリスチャンだということは言わずに、普通はあり得ないような利他的な活動を、あまたの犠牲を払ってやっています。ただ、「クリスチャンですか」と尋ねると、「はい」とおっしゃるので、やはりそういうあり方が、いいなと思ったのです。

本田　それはスマートでいいですね。私は「キリスト教徒」を卒業して、「キリスト者」でありたいのです。「キリスト者」とは、すべて普遍性を持っていることだと自覚しているので、どの宗教であっても、または無宗教であっても、キリスト者というのはあり得ると思っています。だから、キリスト教徒であることを、できるだけ卒業しよう、脱皮しようとすれば、もっとほんまもんの何かに触れられるんじゃないか、そんな思いがあります。そういう意味で、宮台さんとお会いできたということは、正直言ってすごくうれしいのです。

2　若い世代に伝えていきたい

異質なものに出会えるか

宮台　異質なものに出会って自分を立て直していくという、神父さまと私に共通するプロセスを思うにつけても、僕の教え子に相当するような若い世代の人たちは、本当に縦割り的に囲われていて、異質なものに出会う可能性が奪われています。インターネットがいちばん分かりやすい例ですね。

アメリカでさんざん議論されてきたことですが、インターネットは、距離やさまざまな障害を超えて、誰とでもつながれるようにするツールだ、とされてきました。今日では、それは幻想に過ぎず、実際には、国境は超えるものの、結局は同じ穴のムジナと戯れるだけのタコ壺に過ぎないことが明らかになっています。

すなわち、見たいものだけを見て、見たくないものは見ないことになりがちなのです。例えば、アメリカの共和党支持者は、みんな保守的な論調のフォックステレビのニュースを見るけれど、民主党支持者はほとんどそれを見ずにＣＮＮを見るという具合で、両者は世界を共有していないのです。

僕らが若い頃は、ベトナム戦争のドキュメンタリーをテレビで見て、父親はアメリカを擁護し、僕は批判する、といった具合に、同じものを見て評価が分かれる、ということがありました。今はそれがなくなっています。だからこそ、例えば僕の授業を聞いて異質なものについての情報に触れることで、衝撃を受ける若い人が多く、どうしたものかと思案しています。

大学の生活は四年間しかありません。大学二、三年で、僕のメッセージに触れたとすると、そこから就職するまで、一、二年間しかない。そうした短い時間の中では、自分をどう立て直せばいいのか、まったく分からない。そうした状態で社会に出ていくケースが多いのです。

二〇年前の僕は、もっと素朴に、このまま社会に出たら、社会にとっても本人たちにとっても不幸だから、もっと多くの異質なもの、彼らが知らないことを、どんどん伝えようと頑張っていたのですが、最近は躊躇《ちゅうちょ》するようになりました。混乱したまま社会に出させていいのか、などと考えてしまうのです。

神父さまは、そのあたりどうしておられるのでしょうか。釜ヶ崎で、普通の人が見ないものを見て、体験しないものを体験してこられたわけですが、それを話した時、年長の世代なら免疫があるからたぶん大丈夫でしょうが、昨今の若い世代は本当に免疫がありません。「知りたくない」というのがいちばん多い反応でしょうか。無理やり感情を揺さぶる言い方で伝えると、伝わりはしても、衝撃が大きすぎて、私を避けるようになったりする。どうしたものかと考えています。

本田　確かに、宮台さんのおっしゃる通り、釜ヶ崎に何年かいて、そしてそこから見えてきた価値観を、「これはすばらしいですよ」という言い方で発しても、やはり通じませんね。受信機がないというか、本当に通じない。しかしその一方で、関西一円のさまざまな大学の学生さんたちが、釜ヶ崎のいろいろな活動に参加してくれています。入れ替わりはありますけれども、今年の越冬で二百人以上になるでしょうか。何をがまんして、こういうところへ来ているのかと、こちらが思うくらいです。でも、何か、震災を体験することと似たような、「社会的な震災の現場」という感じで勇気を出して来てくれているのでしょう。そして、決して暗い顔ではなく、何かと出会ったというような生き生きとした感じで帰っていくのを見ると、そういうことに対する素直さというか、感受性の鋭さというのは持っているのかなと思います。

宮台　そういう若者も確かにいるのですね。３・11の後も、僕のゼミからも多数のボランティアが出かけ、テレビカメラに映っていないものがたくさんあったことをつぶさに知らせてくれました。遺体捜索というより、実際には遺体の片づけを一生懸命やるような状況だったこと。凄惨な姿の遺体が少なくなかったこと。

避難所を回る学生からは、風景は昔ながらの村に見えるのに、配給物資の取り合いが起こるので、全員分の配給物資がそろうまで配れない避難所が多数あったこと、寺の檀家や宗教団体系の避難所には取り合いがなかったこと、そのほか、いろいろ教わりました。

たぶん、関西の釜ヶ崎に入っている学生と同じで、優先順位の問題だと思うのです。彼らは日頃、友だちや就職のことなど、結構細かいことにこだわって、どちらの選択が最適か、といった損得勘定に高い優先順位を与えています。しかし他方で、そんなことに本当に意味があるのか、と直観的に疑問を抱いている。そんな学生が、かなりいるように思います。

だからこそ、九五年の阪神淡路大震災の時もそうでしたが、震災をきっかけに、自分でも理解できない衝動に突き動かされて、やむにやまれずそこに出かける学生が大勢いて、それまでの自分たちはこんなにも些末《さまつ》なことにこだわっていたのかというふうに……。

本田　学生自身がそういうふうに気づいて……。

宮台　そう、気づくのです。ただ、先に申し上げたように、社会が分断されているので、そういう思いを共有できる人たちと、そうでない人たちの間に、断絶があります。震災ボランティアで得た経験を、分断線を越えて伝えられません。だから、見たくないものを見ないままで済ませる生き方を、変えられない若い人たちが、相変わらず多数います。根本問題が残っているのですね。

生き方を変えられるか

本田　宮台さんのクラスで聴講している学生の中でも、やはり同じような傾向があるのですか。

宮台　はい。当時、僕のゼミにいた学生や院生は、ほぼ全員が3・11直後の福島に行きました。「僕のゼミにいるということは、そういうことなんだな」と思いました。そのぶん、僕のゼミは、首都大学東京でもかなり異質らしく、「中身が濃すぎてついていけないというクレームが学生から来ている」としばしば伝えられたりもします（笑）。昔ならあり得ない話ですが。

本田　まさか、宮台さんの授業っていうのは、『福音宣教』の記事にあったような難しい言葉をばーっと並べているのではないでしょう。

宮台　ここでのお話と同じ調子でやっています。

本田　このままですか。

宮台　はい。このままだったとしても――このままだからかもしれませんが――ゼミについて来られる学生は一握りだけになってしまうのです。ただし、正規の学生はそうした状況ですが、学外から非正規の学生が、社会人を含めて多数来ていて、学外者が半数以上です。そのことでゼミが活性化して、正規の学生たちも大きな利益を得ています。

それは僕の大学でのゼミに限ったことではなく、非常勤講師で教える他大学などでも似たような状況です。つまり、そうした内容のゼミを、単独の大学で学生を集めてやること自体が、難しくなっているのです。それは、数学の定義の証明が難しいというのとは違って、たぶん何か、もっと実存的な障害です。

本田　ああ、実存的な……。

宮台　「このゼミにいると、今までの自分のやってきたゲームに意味がなくなってしまう」とか、「これから同じゲームができなくなる」というふうに感じるのだと思います。

最初は感情を動かされることがあっても、ほどなく遠ざかるという学生が、毎年一定割合出てきます。それが、さっき申し上げたことにつながります。

僕の話をストンと自分の腹に落として、「じゃあ、これからどうやって五〇年生きていこうか」と問題を立てた時、やはり絶望してしまいがちなのだと思うのです。「どうしたらいいか全然わからない。ならば、宮台の話はなかったことにしよう」ということでしょう。

今の若者の大変さ

本田　けれども、宮台さんの話を聞いても同じだというのではなくて、つまり最終的な解決は学問よりも、その内発性によるコンタクトというか、コミュニケーションだということではないですか。

宮台　そうです。だからこそ、小中学生や高校生を前に大学での講義を出張授業という形でやることが多いのですが、聴いている小中学生や高校生のほうが、大学生よりもずっと反応がいいのです。目を輝かせて食いついてきます。先ほど申し上げたように、就職まであと二年というふうに追い詰められた状況では、やはり僕の話を受け入れることが難し

子ども大学たかやま（飛騨芸術堂）

いのだと思います。

本田　そうだよね。かわいそうだよね。

宮台　小中高生ぐらいだと、「なるほど」と受け取ってくれる子がたくさんいます。ということは、僕が話すような内容は、もっと早い時期に伝えられるべきことなのでしょう。そういう意味で難しいのです。二〇歳、二一歳になって僕の話を聞いても、実存のバリア（障壁）に引っかかってしまうということですね。

本田　自分なりに、もう構えているでしょうからね。

宮台　だから、恐らく神父さまのいろいろな体験も、小学校高学年から高校生くらいまでの人たちにはすごく響くのではないかと思います。

本田　私は、若い子は苦手なんですよ。

宮台　あっ、そうなんですか（笑）。

本田　もう最低でも二五年間、まわりには年寄りばっかりでしょう。年寄りといっても自分と同じか、ちょっと上ぐらいです。それにもう感性が慣れてしまっていて、若い子にどう話しかけていいのかわからないんです。勇気出して話しかけたら怖がられて、大変なんです。だけど、宮台さんはまだ若い人たちに近いわけですから、何か方法を見つけてくださいよ。

宮台　神父さま、それは結構単純なことだと思います。彼らは、将来自分がどう生きていっていいか不安なのです。それは、今は昔と違って、単に就職がどうなるかということではありません。実際、家族を持てるのか、孤独死しないで済むのか、葬式を出してもらえるのか、といったことに、自信がない人が多いのです。だから、耳が痛い話に、耳をふさごうとするわけです。

本田　なるほどね。

宮台　それは、いわゆる〈モテる・モテない〉という問題とも違っています。二〇年前までは確かに〈モテる・モテない〉が大事だったのですが、今では、たとえどんなにモテても、他者の心とつながれない自分は、家族を持てないだろうなというふうに直観する。あるいは必ず離婚するだろうと直観する。すでにそう思い込んでいる若い人が多いのです。

本田　そういう点では感性は鋭いからね。

宮台　はい。でも、諦めたふりをしていても、心の中では、家族を持ちたいな、とか、自分を委ねられるホームベースがあればいいな、と思っているケースが大半です。だから、彼らが耳をふさぎたがっているその部分に、うまくアプローチすれば、聞いてくれます。「僕が見てきたフィールドワークの現場はこうだった」というような話をいきなりしても無理ですが、「君たちはどうして家族をつくることが難しいというふうに思い込んでいるのかなあ」というところから入っていくと、たいてい聞いてくれます。

若い人の多くが、人間は損得勘定の内側でしか振る舞えないというふうに、見切っていることが大きいです。友人関係だろうが、恋人関係だろうが、損得勘定すなわち「自分ご大切」から人間が外には出ることなんてあり得ないと思い込んでいる。昔はそれにイライラしましたが、今はかわいそうで仕方がありません。

本田　つらいですね。

宮台　それくらい、今、若い人たちは大変なのです。友だちにも恋人にも、本当のことはしゃべりません。インターネットに拡散されたらエライことになる、などと、冗談ではなく脅えています。他者を信用できず、全面的に自分を委ねることもないのです。

本当の問題をさらけ出せる場になれるか

本田　将来があるはずなのに、それに期待できないというのは、釜ヶ崎や山谷よりももっと深刻みたい。年寄りばかりの釜ヶ崎だったら、「もう、あと十年もすりゃあ、どのみちおさらば」と、みんな腹をくくっていますから、そんなに深刻ではありません。けれど、若い人たちはそういう状況ですか……。しかし、それでも伝えていかないと若い人たちには世の中が見えてこないでしょう。

宮台　そう思います。本当に大事なもの、本当の幸いは、こういうところにあるのではないか、という気づきは、それ自体、善いことに決まっています。でも、「この社会でそれに気づくと、どうやって生きていったらいいのか分からなくなる」といった恐れが、若い人たちを、実際に脅かしているように感じます。

であれば、本当に大事なものに気づいた人が、「そうか、そうやって生きればいいのか」というふうに、見本にできるようなものを実際に目撃できる場として、人間のつながりがあればいいなと思っています。教会がそういう場であれば、本当に素晴らしい。神父さまもそうでしょうけど、僕も何百人という学生を相手にする中で、例えばその数十人が今申し上げたような気づきを得ていたにしても、その数十人に僕が個人として対処することは、もう物理的に無理だと思っています。ここ十年ほどの経験で分かりました。

本田 もし、そういう場として、教会を当てにできたらいちばん手っ取り早いのでしょうが、残念ながら教会は当てにならないですからね。本当の問題を、遠慮なくさらけ出せるような集いにはなっていないでしょう。

宮台 そうなのですね。

本田 『コリントの信徒への手紙』では、みんな箸にも棒にも引っかからないと言われる人たちの集いがあなたたちの教会でしょうと言っています。そういう原始キリスト教団のような集会なら、どんなに傷ついてボロボロになっていても、そこに行けば「仲間もいる」「分かってくれる」「みんな同じ問題を抱えている」となるでしょう。それが本来の教会だったのに、今は教会へ行けば行くほど、みんな、うわべのきれいごとだけを出し合って、いい子ぶってしまう。だから教会はダメだなあと思うのです。むしろ、草の根の運動のグループやシングルマザーでがんばっている人たちの集まりなどのほうがいいような気がします。

3　ゲリラ的に振る舞う

ハーバーマスの問い

宮台　ある時、親しくしていただいている神父さまとお話しする中で、神父の個性についての話題が出ました。説明すると、「神父とは、あくまで神父に過ぎず、つまり宣教する存在に過ぎない」という考え方が一方でありながら、他方では、「神父にはそれぞれの個性があり、それによってさまざまな活動をする人たちもいる」ということ。そして、その個性に引かれて多くの人が集まり、その結果、信者の数が増えることもあるでしょう。しかし、そういう個性を前面に出していく神父に対してはいろいろと批判もあるようにも聞いています。そこで、それについてどうお考えですかとお尋ねしました。

すると、その神父さまは、「神父はあくまでも宣教者であるということは正しい。でも、少数であるなら個性を前面に出す神父もいてかまわない」とおっしゃった。そうした神父がいるということが、キリスト教の力、あるいは福音の力を人々に知らせることになる、というわけです。

実は、まったく同じことがユルゲン・ハーバーマスというドイツの社会哲学者がヨーゼフ・ラッツィンガー博士、後の教皇ベネディクト十六世と対談した中で出てきます。その対談は書籍化され、日本語にも訳されて出版されました（ユルゲン・ハーバーマス、ヨーゼフ・ラッツィンガー／フロリアン・シュラー編／三島憲一訳『ポスト世俗化時代の哲学と宗教』岩波書店、二〇〇七年）。ラッツィンガー師はもともとリベラルな立場にいて、例えばラテンアメリカの解放の神学にコミットするような人たちを擁護する気持ちを持っていたはずなのに、バチカンに関わってからは突然、「異端審問官」として、教義に異を唱える神学者に厳しい姿勢で臨み始めました。

本田 それしか知りませんでした。

宮台 ハーバーマス氏は、「彼は転向したと言われているが、それは違うと思う」と言い、そして実際に「違うのではないか」とラッツィンガー師に問いかけます。ラッツィンガー師としては、もちろん答えられません。けれども、ハーバーマス氏はこう言うんですね。社会を解放すると思われている者、革命家でもいいのですが、革命が成功した後、彼が独裁者になってしまうということはよくある話だと。

キリスト者であれば想起するのは、ドイツのプロテスタント神学者フリードリヒ・ゴーガルテンが、一九三三年に出てきたヒトラーのことを「イエスの再来だ」と思い込んだ逸話です。その結果、ドイツはプロテスタントもカトリックも含めて、ナチスという咎《とが》を負いました。そうした経緯をラッツィンガー師が踏まえているだろうとハーバーマス氏は恐らく想定していて、それゆえラッツィンガー師が解放の神学を公に礼賛するような司祭を教会として許容できないと考えているのだろうと推測するわけです。要は、ラッツィンガー師は、心の中ではエールを送っているはずであると。

本田　へえー、そうかなあ。

宮台　なぜかと言えば、世の中で困っている人がいたら、なんとしてでも助けようとする人がキリスト者の中から出てくること自体が、福音の力を示すものだからだと。とはいえ、バチカンが解放の神学を評価すれば、教会自体の存続自体が危うくなる。それを実際にナチスの時に一回経験していることはお話ししました。そうした過ちを繰り返せないから、泣いて馬謖《ばしょく》を斬るのだと。

そういう意味では、本田神父さまは、いわゆるキリスト教を広めることと、福音を伝えるということを区別していらっしゃいますが、それは今申し上げたようなことの中に、繰り返しモチーフとしては出てきていると思うのです。キリスト教を伝える教会を守るという立場では、できることとできないことがある。しかし、福音が伝わる、あるいは現に伝わっているということを評価するという立場からは、本当は別のことを思うし、場合によっては、したいと考えるということではないでしょうか。

本田　質問の意味はよく分かりますし、何を問いかけられているかも分かります。私がよく言われるのが、「教会の信者として定位置を持っているお前だからこそ、福音について語るきっかけもチャンスも相手もいるんじゃないか。何でそれなのに教会を卒業しろだの、否定するようなことを言うのか」ということです。それにはズキンと感じながらも、でも、イエス・キリストという人は最後の最後まで、死ぬ時までユダヤ教徒であり、ユダヤ教を超えるようなもう一つの宗教を始めようなどという気持ちはさらさらなかった。そして、他宗教の人たちに改宗を求めなかった。「あなたの信仰はすばらしい、全イスラエルを探してもこれほどの信仰は見たことがない」と言い切るくらいに（マタイ8・10、ルカ

7・9)、信仰とはキリスト教経由でもなく、ユダヤ教経由でもないということをはっきりと示していました。ですから、私はあえて、「宗教としてのキリスト教では、誰も救いは得られないし、希望もないし、解放もない」と言うのです。イエスが命を懸けて示した、あの福音の価値観を私流に言い直すと、「その人を、その人として大切にする。尊重する。それ以外にない」ということです。それだったら、別にキリスト教経由ではなくても、みんなが実践しようとすれば十分できることだと思うのです。そういう意味で、釜ヶ崎で、ちょっとほろ酔い加減のおっちゃんから、「本田さん、あんた信用できそうだから、洗礼っちゅうのをやってよ」と言われても、あえて「いや、洗礼は受けないほうがいいよ」と答えるわけです。むしろ、どんな状態の中でも、神の子の受肉という神秘によって、超自然と自然を合体し、つないでくれたキリストの存在というほうに、もっと注目してほしい。だから、「宗教なし、神殿なし」なのです。イエス自身、神殿をあまり尊重しなかったし、葬儀についてもなぜか非常に軽く見ています。そういう宗教行事に絡めとられた、宗教としてのキリスト教を振り払う勇気がないとダメではないかと、私は思ってしまうのです。そういう思いから見ると、なぜ宮台さんのような、これほどの人が、わざわざ一宗教に膝を折ったのだろうか、そのままでよかったのではないかという気もするのです。私の勘違いかもしれませんけど。

教会に見る本音と建前

宮台　教会という、その宣《の》べ伝えの共同体を存続させるということは、やはり大変なことで、そこからいろいろな問題、日本で言えば顕教・密教的な要素が出てくるのかとも思うのです。

先ほど申し上げたその神父さまは、教会の存続のために必要なことと、実際にイエスの福音に含まれていることとの間には矛盾が存在していて、その矛盾を矛盾のまま抱えてきたから、教会はここまで存続してきたのだとおっしゃっておられました。

第二バチカン公会議以降、こういう問題が実際に生じています。従来のキリスト教はこういうものだと――例えばいいことをしたら天国に入れるみたいなことを――信じていらっしゃる信者さんが多数いらっしゃる。でも、「実は、それは違う」と個人では言えても、それを教会が言えば――「教会は間違っていた」と教会が言えば――教会ではなくなる。今ある教会も正しい教えを宣べ伝えているとは信頼できなくなるからです。だから本当は間違っていたとしても「ちょっと前まで教会が言っていたことは間違いでした」と言わないことが大事で、それは単なる組織防衛を超えます。

本田　口が裂けても言いませんからねえ、本当にもう。

宮台　そうした営みがなければ教会はとうに終わり、福音の宣べ伝えが途絶していました。僕がカトリック信徒だとカミングアウトしなければ、いろいろなことを言えます。例えば「宗教社会学では、アタナシウス派の三位一体説が残ったのも、さもないとイエスの神性が疑われ、教会が存続できなくなるからだ、と分析する」などとね。教会に属する司祭としてそれを言うのは本当に難しいだろうと思います。

本田　うん。

宮台　だから、逆に僕のような中途半端な立場にいる人間がやるべきことは、結構たくさんあるだろうと思います。例えば、僕のような人間がそうやって質問するから、その神父さまも、そういうことを語れるわけです。昔、結婚する時の講座でお世話になった神父さまも、教会の司祭として言うことと、本田神父さまがおっしゃっているような、福音を伝えるという立場で言うことの間には、実際には距離があるということを、やはり、はっきりおっしゃっておられた。

僕たちの結婚式の最中のその神父さまの言葉も、周りの人たちがすごく驚くようなものでした。キリスト教かどうか、教会の言うことを信じるかどうかは、まあそれはそれとして、内在と超越という問題があり、人間は超越とつながっていなければ、内から湧く力を貫徹できず、損得勘定に埋没して、身過ぎ世過ぎでのポジション取りから逃れられなくなるのだと。妻は幼少期から、その神父さまをよく知っていて、普通はそういう説教はしないので、「これは真ちゃんに言ってたんだよ」と（笑）。

本田　ああ、そうだ。絶対そうだ（笑）。

宮台　だからそういう意味で、実はこのお二人の神父さまからはいろいろなものをいただいていて、「そういうことだったのか」と後で気づくことも多いです。

本田　そうか。教会でやっていたら、倉の中からこれも出し、あれも出しで、そういう司牧的配慮を大事にするのでしょうね。私らは教会とは全然違うところで「仕事をよこせ」とか、ただどう仲間と生きるかというようなことばっかりをやっているから、もっと楽というか、言いたいことを言えばいいし、やりたいことをやればいいわけです。

宮台　僕も基本は同じです（笑）。

本田　だからミサもそうです。私が釜ヶ崎に行った二五年前は、毎日、どこかのシスターたちのところでミサがありました。同じ釜ヶ崎の中に四つか五つ修道会がありますからね。行って一年くらいはそのまま踏襲して、それから、ミサはできるだけ日曜日だけにするという努力目標を設定しませんかと言いました。すぐにとは言いませんから、一日ずつ減らしていきませんかと、その理由も説明して提案しました。最初、シスターたちはキョトンとしていましたが、賛成してくれて、それで今は火曜日の晩と、日曜日の二日だけ残っています。日曜日のミサは絶対続けるつもりでいます。なぜかというと、やはりシスターたちの思いを満たすため、それから多くの日雇い労働者は、朝、仕事に行くため、平日の朝にのんびりとミサにあずかっているのは暇人《ひまじん》だけということがありますから。

そんなことも含めて、私はそういう意味の司牧的な配慮というのを、もう一切しなくてすむのです。だから、言いたい放題、やりたい放題。そのぶん、司教さまからのお目玉はくらいますすが。でも、教会に責任をもって司牧者としてやるからには、やはり建前と本音はちょっと使い分けるんですかね。

宮台　そうだと思います。その神父さまも、「司牧的配慮」という言葉を当初からよくおっしゃっていました。ラッツィンガー師の逸話も、同じことを示唆しているでしょう。すなわち、解放の神学を唱える司祭が出てきたり、本田神父さまが出てきたりとか、いろいろな方が出てくるということが、まさにキリストの力なのであると思いながらも、しかし教会としては認められないと敢えて言わざるを得ない。

本田　なるほどね。

宮台　なので、近代戦で言えば、本隊とは別に遊撃手的に振る舞うような人たちがいて、初めて全体が成り立つというようなことが、教会にもあるのではないかと思います。つまり教会の言う、まさに司牧的配慮の枠の中でだけ行動する人たちだらけであれば……。

本田　なるほどなあ。前に浜（矩子）さんに、「あなたの教会にはあの（あなたが批判している）政治家がいるでしょう。なんとも思いませんか」と聞いたら、「いや、あまり考えませんね」って、サラッと流された。その感触と宮台さんのおっしゃることと、やはり共通するところはあるのかな。司牧的配慮は一切しない私がちょっと、突出しすぎているのかなと思いますね。でも、宮台さんにはご自身のペースで、こんな形で発信してほしいと思います。そして、学者同士の議論の時には、ぜひそれをしっかり押さえて言ってください。

超越とつながっている人は不可能でもあきらめない

本田　失礼ですけど、今、何歳ですか。

宮台　三月で五六になります。

本田　ずいぶん若く見えますね。

宮台　あ、それはですね、僕にはちょっとおもしろい経験があるんです。八〇年代に新興宗教をたくさん見て回っていたのですが、特にカルト系の新興宗教の中には、年齢不詳の人がめちゃくちゃ多いんです。なぜだろうと考えた上で仮説を立てました。それは先ほどの結婚式での神父さまの話と似ています。要は超越とつながっている人間はあきらめないという仮説です。不可能だと言われても、「不可能なのは知っているが、だから何だ」とどんどん前に進むような、あきらめない人たちが、年を取らないんですよ。

本田　へえ。

宮台　不可能だって言われて、「なるほど、不可能なのか」っていうふうにあきらめていく人は、そのたびに年を取るのだと、その時に確信しました。僕も不可能だからとあきらめることはありません。

本田　あきらめないですか。

宮台　はい。不可能でも全然、かまわない。
本田　すごい。
宮台　いえいえ、もともと人間はそういうものでしょう。どうせ死んでしまうのだから、何をやったって、という人はむしろ例外です。
本田　本当に、宮台さんの空気を感じさせてもらいました。うれしかった。

本田哲郎対談集
福音の実り
IV

山口里子×本田哲郎

フェミニスト神学から

1　学ぶということと生き方は切り離せない

「憐れむ」ではなくて「共感共苦」

本田　最近の教会は、世間一般にあるような、いわゆる仲良しサークルの価値観と、ほとんど変わっていないなと思う時があるんですよ。もちろん例外はあると思います。でも、このような状況を乗り越えるために、教会の福音宣教やエッセンスが、メタノイア（低みから見直す）の視座に、何がなんでも、しっかりと立ち続けているっていうことが、今、大切だと思っているんですね。幸いに、教皇フランシスコも、「教会は貧しい人々のものです」とか、「教会は、貧しい人たちや抑圧された人たちを、いつくしみをもって大事にする程度のものであってはなりません。むしろ正義がそこに、しっかりと実現されないと、本当の意味でのキリスト的な対応にはなっていません」って、はっきりと言っているんです。これは本当に大事だなと私も思っているんですよ。ですから、今回、山口さんの「フェミニスト神学」の観点から、教会を引っかきまわすぐらいのお話をして欲しいんです。

「このままずっと居眠りをしてていいの！」っていうような、カトリック教会が奮起するきっかけになる対談を期待しているんですよ。

山口　そうですか。それは、どうもありがとうございます。でも、私は、本田さんはすごい！　尊敬する！　と思っているんですよ。ふだん「尊敬する」というような言葉は私の口からほとんど出ないのですが、今日は何だか素直に言えます。

ところで、私は今「本田さん」と呼ばせていただきました。私は人の身分・職業に関係なく平等に「さん」で呼ばせていただいています。私自身も、学生を含めて誰からでも「先生」でなく「さん」と呼んでいただいています。どうかご了承ください。

私が本田さんを尊敬する第一の理由は、生き方です。釜ヶ崎に時々入る人たちならたくさんいますが、ずっとそこで生きるというのは、並大抵でないと思います。私も以前、寿町（釜ヶ崎と同様に、横浜市中区にある日雇い労働者の方々が多い地区）に、少し関わったことがあります。でも、そこに入って生活するということは、もう私にとって言葉抜きに、すごいことをし続けている人だと思います。

そのような場に行かざるを得なくて、仕方なしに生活をなさっている人たちとは、決定的な違いがあるということを認識しつつも、本田さんみたいに、それをし続けているということは、本当に強い信念、あるいは強い神さまへの信頼とか、何かそういうものがなかったら、絶対にできないことだと思っています。その視座から聖書を読んでいらっしゃるので、私こそ、まずは学ばせていただかなければ、という気持ちがあります。

山口里子

本田　だいぶ誤解が入ってますよ（笑）。

山口　えっ、そうですか。でも、本田さんのご本の『小さくされた者の側に立つ神』（新世社、一九九一年）には圧倒されました。今でも深い印象があります。

ちょうどその頃から、私はフェミニスト神学を学び出したのですが、だんだんとそれ以前の学びに関して、「えっ？」というような疑問が起こるようになってきました。

本田　それ、聞きたいな。

山口　私は、学ぶということと生き方とは、切り離せないと思っているのです。その基本姿勢として、「憐れむ」というのではなくて……。

本田　「共感する」ですね。

山口　そうです。もっと言うなら「共感共苦」です。

本田　共感共苦かあ。

山口　それがとても大事と思います。私の場合は、女性としての人生の痛みの経験があります。それに加えて、世の中には女性として、私よりもはるかに苦しんでいる女性たちが大勢います。本当にいろいろな苦しみがあるけれど、女性としての痛みというところでは、底辺でつながっていると感じます。苦しんでいる女性たちに接した時に、共感共苦して、社会の構造的な問題というか、苦しみが再生産されていることに、憤りを感じるということが、私の出発点でした。

憤り、怒りを排除しない

山口　本田さんが、釜ヶ崎で共感共苦しながら今まで働いてこられて、そして聖書を学ばれたように、私も自分の痛みから出発して、苦しんでいる女性たちに共感共苦しながら聖書を学んでいます。時には憤りも持って。それがないと、自分自身も無自覚に、そのシステムに加担してしまう。

本田　そうですね。やっぱり憤りというのは、本当に大事だと思います。浜矩子さんも、「やっぱり怒りですね」とおっしゃっていてね。怒りが、団結に通じると。

山口　そうですよね。

本田　それしかないとおっしゃっていた。

山口　教会って、いつの間にか、怒りを悪いことのようにしているところがありませんか。

本田　そういうところ、ありますね。もうみんな排除しちゃう。

山口　私も、以前は、そういう感情は悪いと思っていました。

本田　私もそう思っていました。怒っちゃダメって。私たちが育った教会自身が、「怒ってはいけません！」と、怒りを抑えさせる風潮がありますね。だけど、本当に弱い立場の人は、いろいろな選択肢が、まったくない状況の中で、あと表現できるとしたら、怒りしかないんですよ。それなのに、その怒りすらも抑え込んでしまうと、じゃあ、どうやって人間解放をするんだというふうになってしまいますね。だから、教会のそういう空気を引っくり返さないとダメなんだと思いますよ。

山口　そうですよね。痛みということは、教会で受け入れられる感じがありますが、怒りになると、すぐに否定されてしまう。

本田　もう、パーンと外に寄せられてしまいますね。

山口　自己反省のようなことをしませんでしたか。

本田　たくさんしましたよ。

山口　それで良い子ちゃんになっていくというか、良い子になれない人は、何か教会にいられないというか、良い子になれない自分を責める。でも、ずっと良い子でいたら、この世の中の差別や人々の痛みを再生産するシステムは変わらないですよね。

本田　まったく、そのとおり。私も、良い子をずっと演じていましたから。しっかり、それに乗っかって生きていましたからね。

山口　ああ、そういえば、本田さん、このような「良い子症候群」のことをどこかで書いていらっしゃいましたね。すみません、私、そのことをすっかり忘れて言っていました。

本田　いやいや、とんでもない、気にしないで。そこで言いたかったことは、良い子であろうとすればするほど、他者を切り捨てたり、差別したり、暗黙のうちに弾圧したりする。だから、そういうことに対する教会の加害性というか、教会自身が加害性を内包しているんじゃないのかという問いでした。

「良い子ちゃん」たちの集まりである教会

山口　でも、良い子ちゃんでないと、教会って居場所がないというか、居心地が悪いところですよね。

本田　その通りです。

山口　私は良い子になれなかったので、居心地のいいところっていう感じは余りしなかったです。

本田　そうでしたか。

山口　本田さんは、よく良い子ちゃんから脱出されましたね（笑）。

本田　そうですね（笑）。良い子から脱出したいって、もう心底から願っていたんですけど、祈っても効果がなくて。黙想会や修養会に出かけても効果がない。外国人の有名な神父さんに個人的な霊的指導もしていただいたりもしましたけど、教会が提供するような手立てのものは、本当に効果がないなあと思って、半分あきらめていたんですよ。良い子を演じながら、もうこのまま自分の一生が終わるのかなって。でも、自分の努力とは一切関係ないところで、思いがけない形で良い子ちゃんを脱皮できる出会いがあって、否応なしに気づかされた。それが私みたいな勉強嫌いで努力が嫌いな者にとっても、やっぱり神さまはいるって、すごいなと、そこで感心したんですよ。

山口　そうだったんですね。

本田　努力しないと、本来なら到達できるはずのものも、結局は到達できないっていうのが、だいたいどこの世界でもあるじゃないですか。それを言われたら、釜ヶ崎に来ている先輩たちはね、努力する手立ても足がかりも、みんな奪われた状態になっている人たちが多いんですよ。その人たちに、就労の努力をしろなどと要求しても、これは、もうとんでもないことをしていると思うわけですよ。

山口　成功している人は、その秘けつとして、「努力したから」って、よく言います。もちろん努力はしたでしょう。でも、もしかしたら、成功した人たち以上に努力しても、結局、成功どころかチャンスも与えられない人もいるってことを、忘れているんじゃないかって思う時があります。

本田　本当にそう思います。

ずっと生きる意味を探していた

山口　私は小さい時から、ひどく体が弱くて、大人になってからもずっと体力がなかったのですが、好きな勉強をしたおかげで、だんだんと元気になりました。知りたい、学びたいという気持ちで学んでいたら、「フェミニスト神学者」や「聖書学者」って呼ばれるようになっていたんです。けれども、私は学者になる気なんて、まったくなかったんですよ。それほど学者に好感を持っていなかったのです。だから、気がついたら、そういうふうに位置づけられて、嫌だなあと思いました。でも、「学者」って「学ぶ者」ですね。ですから、いつまでも、学ぶ者だというふうに、自分の中では解釈しています。

そして、こういう道に入ったのは、私がそうしたかったからではなくて、いわば、先ほど、本田さんが、「思いがけない形で」とおっしゃったように、私にとってもそうだったんです。もともとは、エリザベス・シュスラー・フィオレンツァという人の、『彼女を記念して：フェミニスト神学によるキリスト教起源の再構築』（日本基督教団出版局、一九九〇年）という本を翻訳するように言われたことがきっかけです。

本田　それが、いちばん最初なんですか。

山口　そうなんです。でも、神学校には、もっとずっと前に行っていました。話を少し戻しますと、私、一五歳で受洗したんです。それは、生きる意味が分からなくて。生きる喜びとか意味とか、生きる意義を見つけられなかったのです。たまたま母の希望で、女子学院というプロテスタントの中学・高校に入学したのですが、教会に行くように勧められて、行くようになりました。そして、もしかしたら、ここで真理や生きる意味、そういうものが与えられるかもしれないって思って、それで、いわば賭けみたいな気持ちで受洗したのです。

本田　何か、与えられましたか。

山口　いいえ、生活は何も変わらないですから、疑い惑いの後悔になってしまいました。

本田　なるほど。

山口　でも、「もしかしたら」という期待はずっとあったんですね。だから教会からは離れなかったんです。それでも、やっぱり疑問だらけで、神学校に入ったら、もしかしたら何か見つけられるかもしれないと思って、神学校に行きました。

本田　そうでしたか。

山口　私は、キリスト教を通して、求めている真理に出会えるかもしれない、何か真実なものに出会えるかもしれないという思いを、強く持っていたのです。けれども、今のキリスト教は、歴史の中であまりにもいろいろな着物を身につけてしまっていると思って、疑問だらけでした。どこが真実で、どこが歴史の中で身につけた着物なのか、それらをどう見分けられるのか、分からないままで終わってしまいました。

本田　神学校にいる間ですか。

山口　ええ、そうですね。神学校を出てからも、結局、そんな感じでした。ところが私の意に反してというか、好きになって結婚した人が牧師だったので、だから、ずっと教会からは離れられなくて……。

本田　離れられないですね（笑）。

本気でやりたいことに出会ったら、チャンスを逃さない

山口　でも、先ほどの疑問は持ち続けていて、ある程度は神学の勉強も続けていたんです。ずっと経ってから、そのフェミニスト神学の専門書である『彼女を記念して』という本と、翻訳という形で出会ったんですね。それはキリスト教の始まりをフェミニスト神学の視点から再構築するという、とても分厚い本格的な専門書でした。発売と同時に世界的

な大反響を呼んだと言われています。『ニューヨークタイムズ』紙にまで大きく取り上げられたのですよ。この本を翻訳して、これをもっと勉強したいって思いました。そう思っている時に、私の連れ合いが、あなたは勉強したいんでしょ。一年間、どこにでも好きなところに行くことができて、学費も生活費も出してもらえる奨学金があるから、応募してみたらって言ったんです。私、そんなこと、考えてもみなかったことなんですよ。それで、一時間、迷って決めたんです。

本田　たった一時間、迷っただけですか。すごいなあ。

山口　私、記憶力はないんですけど、判断力というか、決断力はそのぶん、強いんですよ(笑)。バランスよく記憶力と決断力が身についていたら良かったのにと思いますけど。

その時、私は本気でこれを勉強したいんだから、やってみようと思いました。今の日本で、こういうことをしたいと思っても、できる人がどれくらいいるだろうかと思ったのです。きっと本当に少ない。私は恵まれた状況を与えられたのだから、この機会を活かして一つの前例になれば、後から勇気をもてる人がいるかもしれない。だから、やるべきじゃないかと思いました。

偶然エリザベスのクラスで学び、十年をアメリカで

山口　それで一年間ということで留学しました。それがアメリカのケンブリッジ。そうしたら、私、全然知らなかったんですけど、『彼女を記念して』の著者であるエリザベスが、ちょうどその時にハーバード大学で教えるようになり、そこでクラスを取ることができたのです。

本田　ああ、よかったじゃないですか。

山口　そう、全部、偶然なんです。一年で帰るつもりだったので、聴講だけしようと思ったら、エリザベスが「単位取れば？」って言ったんです。「でも、どうせ一年で帰るし、単位取っても何にもならない」って返したら、「取れなくても取れても、もともと同じでしょ」と言うので、取ったんですよ。

本田　ああ、上手ですね。

山口　結果的に、アメリカに十年いたんです（笑）。それで、博士号まで取得することになって、その後は、ニューヨークの神学校で教えることになって。そのままアメリカに残るかどうか迷ったのですが、いや、私は、もともとは日本の教会で苦しんでいる女性たちに、神学の分野で連帯したいと思って留学をしたんだ、そろそろ帰らなくてはと思って。

まあ、そういうふうに言うと格好いいですけどね。本当は、日本のお寿司や温泉も懐かしくなって（笑）。

本田　正直だね（笑）。

山口　ええ、それで帰ることにしたんです。

これからは、女の神学者からも学んでみましょう

本田　アメリカに行っていらっしゃる間は、お連れ合いは、ずっと日本で仕事してらしたの？

山口　最初はそうでした。私一人で、一年間の奨学金でしたが、それを二年に延ばしました。修士課程を修了して、まだまだ勉強不足だったので、一度日本に帰って、家族で行き直そうと思いました。それで、連れ合いに、「あなたは牧師だけど、教会員の半分以上は女性でしょ。日本の神学校で、男の教師から、男の書いたものばっかり読んで勉強してきたんだから、これからは女の神学者からも、学んでみたほうがいいんじゃないの？」と言って説き伏せました（笑）。それで、彼も奨学金を取って一緒に行ったんです。

本田　そう。同じ教室で研究したのですか。

エリザベス・シュスラー・フィオレンツァと山口里子
（ハーバード大学神学部食堂で）

山口　同じ教室の時も違う時もありました。その時私は博士課程に入って、彼は修士課程に入りましたから。

本田　そうですか。山口さんは牧師ではないんですか。

山口　もともと教会に疑問だらけだった人間でしょ。だから牧師も好きじゃなかったんですよ。すみませんね、もう（笑）。

本田　牧師になる、按手《あんしゅ》は受けたくなかったのですか。

山口　はい、希望していませんでした。でも、言い方は悪いんですけど、資格は取っておけばよかったと、ずっと後になってから後悔したことがあります。

いわゆる「性的少数者」の方々で、結婚式だけでも挙げたいと思っている人たちもいて、そういう人たちの結婚式をしてあげられたら良かったのにと、悔しく思いました。それから、葬儀を挙げられたら良いのにと、思ったこともありました。身寄りのない人や、日本キリスト教婦人矯風会（女性の自立をめざした福祉事業団体）などの施設に駆け込んだ人の中には、本当にいろんな方がおられますね。ホームレスになった女の人たちも多いです。そういう人々が亡くなった時に、その一人ひとりの尊厳を大切にする葬儀の司式ができたらなあと思いました。そういう意味で、後悔しました。でも今は、そういうことを担う牧師が増えることを、願っています。

2　聖書の読み方

全体の文脈と読み手の視点

山口　本田さんは、聖書を短い句ではなく全体を通して読むとよいとおっしゃっていますね。特に、文脈でと強調していらっしゃいます。私は、それに賛同する面と、そうでない面があります。

まず賛同する面ですが、たとえば、どこかの箇所だけを読んで、「これが神のみことば」なんていうふうに読んでしまうのは変だと私も思います。このような意味で『マルコによる福音書』なら、その全体を読んで、全体の文脈の中で個々の箇所を捉えていく。私も、それはとても大事だと思います。

同時に、本田さんは、「低みから見直す」ことの必要性を語っていらっしゃいますね。つまり、文脈で見るのは大切だけれど、それだけで十分とは言えない。低みから見るようにと。たとえ、どんなにギリシア語ができて通読をしても、どの視点から読むかで聖書の捉え方が違うということですね。

本田　そうですね。まったく違うものができますね。

山口　ええ、本当にそう思います。そういう意味で、私は、本田さんに賛同しています。一方、私が異論を持つのは、イエスが語りかけたメッセージと、福音書記者がその時代の状況の中で福音書を記した時のメッセージとの間に、ズレがあるという理解です。福音書から捉えられるメッセージとイエス自身が語った本来のメッセージとは、完全にイコールにならない。それで、全体の文脈から見るだけでは足りないと思っているんです。

私が日本の神学校で学んでいた頃は、やはり文脈で読むということに徹底していました。その後、留学して学んだのが、この「ズレ」に関することです。そして、聖書を読む時に、「疑いの解釈学」という言葉を使うようになりました。

人は皆、時代の影響を受ける

山口　人間は誰でも、その時代の社会の価値観や文化の影響を受けている。だから、聖書から受けとめられるメッセージは、全体的にその時代の父権制的な価値観が入っている。つまり男中心タテ社会の価値観が入っていることになります。それを読んで、そこからだけで学ぼうとすると、女性には疑問の点がいっぱい出てくるんです。
そこで、まずは文脈で読んで、著者の意図を全体で理解する。その上で、次は著者の意図に逆らって、書かれた時に排除されたり抑えられたりした「声なき声」にされた人々は、どのように神を理解していたのか、どのようにイエスの福音を理解していたのか、そこも聴き取っていきたいのです。この意味で、文脈に忠実なだけでは足りない。つまり、文脈で読むというのは、著者の意図やメッセージから聴くことだけに集中してしまうからです。

もちろん、そこには真実がある。でも人間がやることは、みんな不完全性も含んでいる。それで「声なき声」にされた人々の「声」を、聖書の「行間から読む」ということもしないと、結局、当時の男の著者たちが持っていた父権制的な価値観を再生産してしまう。そうして、神理解も福音理解も、そういうものになってしまうという危惧があるのです。

本田 なるほど。

山口 その場合に、本田さんは、その社会の背景を反映した「器」の部分と、その「器」を使って伝えようとされた「内容」、つまり真実のメッセージとを、はっきり切り離して読む必要があるというようなことも、どこかでおっしゃっていますね。

私も切り離そうとしていました。でも今は、基本的に切り離せないと思っています。たとえばマルコを見ると、イエスが亡くなってから、たった一言で、そのイエスの伝道活動の始めから終わりまで女性たちが一緒にいましたって書いていますね。それまでは、女の人が一緒にいるかどうかさえ、分からないような書き方です。そこに、女性を完全に二級市民にしてしまうという問題点があります。マルコはやはりその時代に生きた男性であり、彼が生きた時代の文化や価値観が、無意識のレベルにまで染み込んでいるので、悪意はなくても、そういう不完全性が起こります。

もしかしたら、その当時、女の語り部たちは、女性たちを中心にしたエピソードを入れたお話を語っていたかもしれない。しかし残念ながら、それを私たちは持っていない。それで、女性たちはどんな福音を語っていたのだろうかと、想像することが大切になります。庶民の女性たちのほとんどが、読み書きを知らない時代だったことを認識しておく必要があるでしょう。

読み書きができて、後世に福音書を残すことができた男性たちの書物だけ忠実に学んでいると、私たちは父権制的な想像力でしか、神のこともイエスのこともその福音も理解できなくなってしまいます。それが大きな問題だと思います。

聖書は男性中心の言語で書かれた

山口　もう一つの問題点は、古代の文書はすべてが男性中心言語で書かれているということです。当時は、標準形イコール男性形という文法の世界でした。女性と男性の要素が混ざっている時も標準形で書きます。女性だけの時に限って女性形を使います。そうすると、標準形として、男性と女性の要素が混ざっているものも、イコール男性形として読まれやすくなりますね。

たとえば、聖書の神は、男女両方の要素が混ざっていて、それを超越した神です。しかし標準形イコール男性形で書かれているので、男性イメージが強くなります。「弟子たち」という言葉も、男性だけでなくても、標準形イコール男性形なので、男性形として読まれる可能性があるし、実際にそのように読まれてきました。ですから、男性中心言語で表現されたものは、結果的に父権制的な価値観をあらゆる面に染み込ませています。それで、「器」と「内容」は完全に切り離すことができません。

また、切り離そうとする場合、これは「器」で、これは「内容」だというふうに判断する人間が、どこに立っているか、どういう価値観を染み込ませているかということからも、大きな影響を受けます。ですから、「器」と「内容」は、完全には切り離せないと考えます。

そこで私たちは、文脈で読んで著者が本当に伝えようとした真実をつかもうとするのと同時に、行間を読もうとします。「声なき声」にされた人々の声もささやきも聴き取るように努力して、包含的にメッセージを聴くようにしたいと願っています。文脈に集中する読み方とは、そこが違います。アッ、もう圧倒的に私が話していますけど（笑）、どうですか。

本田　おっしゃる通りですよ。反論の余地なしです。確かに、一般普通名詞で挙げる場合には、みんな男性形ですしね。また、男性複数形などもありますよね。やはり実際に表現された聖書の言葉づかいというのは、パターナリズムに浸透した形で表現してしまっているので、あとは山口さんがおっしゃった行間も読み取ることだと思うんですね。その行間を読み取らないと本当のメッセージは受け取ることができないはずですからね。

山口　はい、そうですね。より包含的に。

声なき声を行間から読む

本田　しかし、行間に何か見出していこうとする時に、これは聖書学の領域を外れませんか。

山口　はい、これは大事な問題ですね。ただ、今は、それも入れて聖書学と言っていると思います。たとえば、ひと昔前は、「釈義」という時、テキストから意味を引き出すことに集中しました。そして、そうじゃないのは、自分からの「読み込み」になるので、これはよくないと言われて、はっきり区別されていましたね。でも、その後に、この二つは切り離せないと認識されるようになりました。

人間はみんな生活の足場があって、そこからの問いを持って読むからこそ、何かを聴き出している。本田さんの「低みに立って聴く」というのと同じです。だから、人は誰も自分の足場や価値観があり、問いがあって、その答えを聴いています。それで、狭い意味の「釈義」（エクセジェイシス）と……。

本田　読み込む、エイセジェイシスですね。

山口　ええ、そうです。二つは混ざり合っている。これを踏まえて、「この解釈だけが正しい」とは言えないという自覚を持つことが、大事ではないかということです。そして、人は特定の足場があって、そこから問いをもって聖書を読むことが大事ということにもなります。真剣な問いがなければ、本当にそこから聴くこともないからです。それは、本田さんが指摘なさる、一つのテキストを読んでも、高みから読んでいるのか、低みから読んでいるのかでは、全然違うということに通じますね。

本田　はい、そうですね。

山口　それこそ、あるカトリック神学者の「人が何を見るかは、どこに立つかによる」という言葉の通りです。どこに立っているかで何を見るかが違う以上、正しい釈義か勝手な読み込みかという区別はできない。だから、いろいろに異なる足場で生きる人々の洞察から包含的に聴いていこう、という姿勢になります。そして、どれも、これだけが正しい解釈という主張はもうやめましょう、ということにつながると思います。ただし、「時代錯誤の読み」があり得るということは、留意しておく必要がありますが。

本田　それはしておかないとね。

山口　はい、それは大事だと思います。

「痛み」があるところから見直していきたい

本田　一つ質問していいですか。山口里子さんの切り口というのは、あくまでも自分自身が女性としての現場からですか。

山口　はい、一人の女性としての経験が出発点です。

本田　そこから切り込んでいくと、聖書の中にも、ある意味では同じような女性が隠されているんじゃないかなど、当然出てきていいはずですね。ディアコノス（助祭）というのは、男性だけじゃなくて、女性のディアコニッサ（女助祭）という人たちもいたはずなのに、あんまり出てこない。そして、おっしゃる通り、『ルカによる福音書』は、十字架の場面のちょっと手前あたりに、イエスの周りに女性たちが奉仕していたというぐらいで、少しだけしか出てこないのも事実ですね。

山口　そうですね。ただ、その点では『マルコによる福音書』のほうが、イエスが亡くなってから、たった一言ですね。ルカは8章で触れています。ところがルカは、女性たちが「イエスに仕える」という言葉を、「彼らに仕える」という言葉に変えています。それで、女性たちは、男の弟子たちにも仕えていたというニュアンスに変えてしまっているのです。おそらく、それを変だと思った写字生たちが「イエスに仕える」と直して書いているので、そこの写本には異読が多いんですね。

福音書で女性たちがそういうふうに描かれているのは、無自覚に染み込んだ男中心の見方や価値観が反映されているかもしれません。また、ルカは、当時の社会で身分の高い人々に、キリスト教は悪いものではありませんよって伝えるために、裕福な淑女たちが奉仕するイメージを前に出して、貧しい女性たちが指導者として活動する姿はあまり出さないほうがいいと判断して、編集しているかもしれません。

それは、無自覚でも意識的でも、悪意でなく善意でも、女性の経験から見ると、やはり、それは男性中心の見方だと受け取れます。そういうところで、「疑いの解釈学」、つまり著者の意図にそうだけでなく、あえてそわないで、「声なき声」にされた人々の「声」を聴き取る努力も一緒にしたい、という思いが出てくるんですね。

それは、たぶん障がいの神学の人たちも、「なんで聖書には、病気や障がいが治ったことでおめでとうみたいな話ばっかりなの」っていう気持ちも、すごくあると思うのです。みんな、悪意じゃなく、すばらしい福音を伝えたいと思って工夫して書いたことでしょう。けれども、状況が変わって、違う立場の人から見ると、痛みになってしまう場合もある。

人間って誰でも、真実な思いと気がつかない不完全な面とがあると思うんですね。それは私たちにもあるし、聖書を書いた人たちにもある。だからその人がダメとか、全面否定ではなくて、気がついたところから、痛みがあると気がついたところから、見直していきたい。それは女性の痛みであったり、病気や障がいを持つ人の痛みであったり、性的少数者と呼ばれる人々の痛みであったり、あるいは、部落差別や民族差別など、いろいろでしょう。

どれも完全ではないから補完的に

山口　文化差別も、宗教差別もありますね。そういうさまざまな痛みに、私たちは全部パッと気がつくわけではないので、気がついた時に、そこの痛みに注意をしていくっていうのかな。それは、この点が不完全だから、これはダメっていうことではない。私たちは、「あれかこれか」の二者択一的な発想に縛られていることが多いので、批判したら、もうみんな「ダメって言ってるの?」って受け止められてしまうことがよくあります。でも、そうではない。そこにすばらしいものがあるからこそ、でも残念ながらこの点は欠けているから、こっちの視点から捉《とら》えたらいいのではないかと。そして、どれも完全ではないから、いろいろなところから捉えるのではないかと言いたいのです。

本田　補完的にね。

山口　ええ。それをしていけたらなって思うのです。著者の文脈だけで読むことの問題はその点です。

本田　山口さんがおっしゃる意味での、文脈で解釈することに対する問題性というのは、そのまんま、私、認めているんですよ。

山口　あっ、そうですか!　まあ、とってもうれしいです。

本田　いやいや、とんでもない(笑)。認めているんです。ただ、その女性神学者と言われる、フェミニスト神学の人たちが……。

山口　あっ、みんな同じではないですからね。

本田　みんな違うよね、たぶんね。
山口　はい、そうですよ。
本田　女性を強調して、女性イコール弱者であるかのような勘違いもあるのではないのっていうね。
山口　そうですね。実は、フェミニストという言葉、カタカナの言葉を、あえて使うのは、そこに一つの理由があります。私は「女性」を、男性の反対に置くかたちで強調したくないからです。人間を、男対女というふうには見ません、ということです。むしろ「父権制社会」とか「男中心タテ社会」という三角形のピラミッド型の社会構造を問題にしています。そういう社会の中での女性の痛みを出発点に学んでいますが、痛い思いをしている人たちは、さまざまにいっぱいいいますからね。
本田　ですよね。そっちがむしろメインでしょう。
山口　ええ、ただ、出発点はそれぞれあると思います。障がい者としての痛みが出発点の人もいれば、性的少数者としての痛みが出発点の人もいる。いろいろな痛みの出発点があるのが当然だし、だから違う。
本田　山口さんの場合は女性。

山口　そうです。私は、そこが出発点です。でも、女の敵が男とは、まったく思っていません。

本田　ですよね。

山口　ええ。それでは狭すぎるのではないですか。世の中、そんなに単純ではないと思っています。

本田　だから、そういう意味でまったく同じなのですね。私にとって、釜ヶ崎の日雇労働者は、あくまでも一つの切り口で、そこから日本の社会全体を見ていきたいと思っているのです。そして社会の中で、誰が小さくされているのか、誰が弱い立場に立たされているのかという目線が自然と生じてくる。当然、日本社会の中で、女性の位置づけは、やはり弱い立場だなあと、本当にいろいろなハンディを背負わされているなって思う時があります。

山口　そうですね。社会の中で差別や不公正を痛感する弱い立場は実にさまざまだけれど、出発点って大事だと思います。私は、女性の経験が出発点でしたが、しだいに、いろいろな問題に目覚めていきました。

でも、数限りなくある多様な問題すべてに取りかかろうとしたら、すごく浅く広くなってしまいます。それでは本当にきちんと問題に向き合うことができない。ここはやはり、自分自身が痛みを感じた出発点を一つの足場として、具体的に問題を掘り下げて、弱い立場の人の「正義」を取り戻していく。それを大切にしていきたいです。そして、私と違うところを出発点とし、そこを足場に持っている人たちから、もっとたくさん学びたいとも、常に思っています。

本田　そうだよね。

山口　ええ、だからこそ、違う人が大事って思うんですよね。それぞれの痛みを足場にして、だからこそ深い問いを持って関われるし、そういう人々とつながりたいなって思う。人がみんな違うって、すばらしいことではないでしょうか。

本田　まさしく、そうですね。

3　痛みを共感できない神学なら、それは遊びです

聖書は補って全体で読む

本田　最近の聖書学者たちがよくやっているマルコ学者やマタイ学者、ヨハネ学者などね、そういうくくりがあるでしょう。それも確かに聖書を研究していく上で、大事な分析だとは思います。しかし、基本的に聖書というのは、全体として、それぞれ補っているというのが、私の聖書理解の仕方なのです。だから、たとえば『ヤコブの手紙』を、ルターか誰かが、「藁《わら》の書簡」と言ったようですが、実にありえないことですね。

山口　そうですね、決めつけは問題だと思います。

本田　そういう発想が聖書学者たちの中に結構あるのかなあ。

山口　学会だとそうですよね。

本田　たとえばパウロ批判をする人は、「パウロは女性差別者で、奴隷制を肯定している」などと言うね。それは完全に私の目から見たら決めつけで、思い込みに過ぎない。原文をきちんと読みこなしていないというのが、私の考えなのです。そういう聖書学者たちの趣味による決めつけによって、けっこう、一般信徒や普通の人たちが、毒されてしまっているような気がします。

山口　そうですか。

本田　はい、私はそう思っています。

山口　教会は、わりと補完的に読んでいませんか。

本田　正しい意味で、補完的に読んでいればいいんですけどね。

山口　正しいかどうかは、分かりませんけどね。

本田　辻褄合わせじゃなくて、やっぱりマルコの言い尽くしていないところを、たとえばヨハネが補って言っている部分もある。総体として、『マタイによる福音書』から始まって『ヨハネの黙示録』まで、あの時代の残滓《ざんし》みたいなものをいっぱい織り込んであったとしても、それを聖書として、私は受け止める、そういうスタンスなのです。だから、ここではこう言って何か足りないけど、違うほうで補填《ほてん》する、それで全体で受け止めるべきという立場なのです。

山口　それは私も同じです。前に、イエスのメッセージと聖書を書いた人たちのメッセージの間に、私は差を感じるとか、不完全性があるって言いましたけど、さまざまな人たちがいろいろな時代の中で書いたものは、それぞれに真実な面と不完全な面がある。あるいは、その時の状況での言葉があるので、全体で見る時にそれが補い合って、何かがあぶり出されてくるように、神のメッセージを受け止められる。そういうものがきっとあるので、聖書はそれぞれ違う状況で生きてきた人たちに、神との出会いやそのきっかけ作りをしてきたのではないかと思っているんですね。だから、そういう意味で、今、本田さんがおっしゃった全体で読みましょうというのは、とても賛成なのです。でも、ほら、「賛成！　賛成！」って言っても面白くないじゃないですか（笑）。

本田　そりゃ、そうですね（笑）。

隠された痛みにきちんと向き合う

山口　私が問題を感じるのは、本田さんが、すでに指摘していらっしゃると思いますが、社会で低くされた人々、弱くされた人々の痛みに、きちんと向き合っているのかということです。痛みを作り出している問題を隠蔽《いんぺい》したりしないで、しっかり目を向けていかなかったら、「平和」や「和解」を語っても、結局、問題は解決しない。痛みに向き合うということを、やはり聖書の学びの中できちんと行いたいと思います。つまり、聖書全体で読めば、随分、補完されているのですが、その中に、さっき言った不完全性という意味で、問題だと思う点が非常にたくさんあると思うのです。それは女性の痛みから問題だと思う点もあれば、障がい者の側から痛みだと思う点もあるし、性的少数者の痛みもある。その他にも、いろいろなところで痛みがありますね。

ですから、全体で良いものとして見なすのは大事ですが、それと同時に、問題を覆い隠さずに、明らかにする。やはり、教会で教えられてきたことで、とても傷ついている人たちって多くいるのですから、ここにはこういう問題があるというようなことを、しっかり明らかにして、それに対して自分たちはどう受け止めるべきか、考えたらいいと思うのです。

聖書に書かれているから、絶対にこうですっていう読み方じゃなくてね。ここはやっぱり問題だねっていうことを確認していったほうが、無意味な傷つきが減ると思うのです。自分が悪いのではないかって悩んでいる人もたくさんいるわけですから、問題を明らかにして指摘していく。聖書も、やはり人間が書いたものだから、問題点はいろいろある。だから私たちは、どう読むのか、神のメッセージをどう理解するのかっていうことを、一つ一つ丁寧に作業していくほうが、覆い隠される痛みが減ると思うのですね。

本田　その通りです。反論の余地なし。

山口　ありがとうございます。だから、実は、本田さんがおっしゃっていることと、根底では同じと思うのです。イエスは分裂を起こしにやってきたっておっしゃいましたよね。それをね、今の教会は言わないじゃないですか。怒りと同じように、意見が対立するとか、ぶつかり合うことなどは、まるで悪いことのようにしている。でもイエス自身が、本当に大事なことのためには黙っていない。分裂をしてでも、やることはやっていますよね。だから、むやみにぶつかることを勧めるのではなくて、私たちは、痛みがある現実に目をつぶったり、妥協したり、都合の良いところだけ見るのではなくて、ここはやはり問題だっていうところを指摘して、その上で全体を見失わないようにしましょうという考えです。そのような聖書の読み方をしたいと思います。ですから、これは異論や反論ではなくて、お互いの共通基盤かどうか、本田さんにも確認したいと思っていたことなのです。

本田　まったく同じですね。

山口　そうですか！　まあ、どうしましょう。こんなにうれしいことはない（笑）。

低みから共感共苦するイエス

本田　私が、子どもの頃から教わってきたイエスのイメージというのは、大工さんで、小さな村だったら、それなりの有力者でもあるという感じですね。

山口　そうですね。昔は、そういう説が強かったです。

本田　強かったですね。そして、貧しく差別されている民衆の中に降り立った。イエスは、そのような人物なんだっていうふうに、まだ誤解しているのではないかな。そう言われた時に、イエス自身がまだ男性の陥りがちな女性に対する蔑視、あるいは異教徒に対する蔑視、そこから子どものパンを取って子犬に投げ与えるのはよくない云々という話も出てきた。それに対してあの女性が本当に命懸けで抵抗したおかげで、イエスも、ようやくその過ちに気づいたんですよっていうとらえ方ですね。

山口　私は、その女性の話については、イエスの女性差別とは思っていなくて、ちょっと違う読み方をしています。

本田　ああ、やっぱり違うのね、とてもうれしい（笑）。

山口　うれしいって、そんな簡単に言っていいんですか？　もしかしたら全然違うことを思っているかもしれないですよ（笑）。でも、イエスの女性差別の話だとは、読んでいません。

本田　私は、聖書を読めば読むほど、イエス自身はね、とことん弱い立場に立っていたと見えるのです。自分から進んで英雄的に貧しさの仲間入りしたのではなくて、否応なしに。イエスの出生自体、律法から禁止されたような状態で生まれてきた。だから当然、罪の子だし、徴税人や罪人の仲間って言われて当たり前で、職業の選択もままならなくて、大工どころか石切りでしかなかったと思うわけですね。

山口　賛成です。私は「テクトーン」というギリシア語を「木工職人」と見ています。でも、「大工」と言った時にみんなが思うような中産階級ではないという意味では、本田さんと同じ理解です。

本田　そう、「家造り」と訳すような、そういうのではなくてね。

山口　ええ、イエスは低くされた者の視点で行動をしていると思います。イエス自身に痛みがあって、他の人たちへの共感もある。共感共苦からの行動。ただ、私は、イエス自身がいちばん小さく、いちばん低いところから来たとは思っていないのです。

本田　えっ、どうしてですか。

山口　たとえば、障がいを持っていて貧しい者としてしか生きられない人間のほうが、そういう意味でなら、下にいたでしょう。

本田　ああ、そうですね、そういうことではね。

山口　それと、当時、罪人のカテゴリーに入れられた人ってたくさんいましたね。民衆は、みんな罪人に思われていましたね。でも、その中でも徴税人と娼婦は、もっとも低く見られていた。そういう人たちと一緒に食事をして非難されたのは、イエスのほうです。

だから、そういう人たちよりは、イエスのほうが社会的に上だと見られていたと思います。イエスは、そういう意味でいちばん小さくされた人ではなかった。でも、その痛みを、自分自身の痛みから想像して、本当に深く共苦する人だったというか、そういう感性を持っている人だったと、私は思っているのです。

いちばん小さくされた人って、もしかしたら、立ち上がることも、声を上げることも、できない状況に置かれている。それで、そこに共苦を持って、自分自身はやはり低くされていても、いちばん低くされてはいない足場にいる人のほうが、声を上げたり、立ち上がっていくことができる場合が多い。もちろん、いちばん下からっていう人だっているかもしれないですが……。イエスについては、もしかしたら、そこが本田さんと、ちょっと意見が違うところかもしれません。

本田　ちょっと違うかもしれないね。

山口　イエスがいちばん下ではないと思っている点ではね。でも大事なのは、誰がいちばん下にいるかではない。いちばん下にいる人ほど発言権があるとか、偉いとかいうような、変な競争になってもおかしいですから。大事なのは、やっぱり共感共苦というか、そこから魂を突き動かされて、動かざるを得なくなるということ。それが大きいと思っています。

本田　それは「スプランクニゾマイ」という言葉ですね。「はらわた」という語から派生し、新共同訳では「深く憐れむ」と訳されているけれども、実際の意味は「はらわたを突き動かされるように」ですね。

山口　そうです、本当にそう思います。そんな風に激しい痛みをもって共苦するという意味ですね。

それともう一つ。イエスの言葉の中に、私は女性を差別する言葉を見つけていません。

ズバッと物を言っていたイエス

本田　山口さんたちの神学校では、どのような学びをしていらっしゃるのか、よく分からないですが、イエスが話したことが、たとえば新約聖書のヨハネならヨハネ、マタイならマタイ、ルカならルカ、マルコならマルコで、そのカギ括弧の中に、ちゃんとしゃべった言葉が記録されているとは思わないでしょう。

山口　思わないです。

本田　そうですよね。まして『ヨハネによる福音書』などを見たら、三分の二ぐらいは、ダラダラっとメッセージが続きますね。そうすると、イエスの考えと、その福音記者たちの考えのズレは、どこで見るのでしょうか。

山口　そういうズレはいっぱいありますね。たとえば「安息日は人のために作られたもので、人が安息日のためにあるのではない」という言葉は、イエス自身が言った可能性が、かなり高いと思っています。

本田　それは蓋然性《がいぜん》ですか。

山口　そうですね、だって、誰も証拠を……。

本田　挙げられないものね。

山口　はい、証拠は挙げられませんから。でも私は、確かさの度合いとしては高いと思っています。つまり私は、それをイエスが言ったと思っています。マルコの文脈では、そのラディカル性がちょっと和らげられている。『マルコによる福音書』では、イエスが言った時の意味と、ちょっとズレがあると思います。そして、マタイやルカでは、もっとズレている。実際の言葉と編集した言葉は違いますからね。

本田　みんな編集者の手を通して、イエスの御言葉の中身も書かれているわけですからね。

山口　多くの場合は、和らげていますよね。言葉を悪くすれば、骨抜きにしているところもある。だから、そういうところで、イエスという人は、やはりズバッと言っていたので、結果的には、処刑されることになったのかなと思います。つまり、イエスの言葉は、政治的なこと、経済的なこと、社会的なことから切り離した、霊的なことだけではないインパクトや力を持っていた。だから、十字架にかけられてしまうことになったのだろうと、私は思っているのです。

本当にイエスに信頼を置いて、それこそ痛みから突き動かされて私たちが生きるなら、社会の構造も含めて、人間に関係することはすべて問題にして、関わらざるを得なくなるのではないかと、思うのです。霊肉二元論みたいなことじゃなくて。

言葉と生き方の全体からイエスをとらえる

本田　そうですね。だから、私の目から見てね、いわゆる聖書学者たちの問題点っていうのは……。

山口　本田さんも聖書学者ですよね。

本田　私、聖書学者じゃないよ（笑）。ただの聖書大好き人間です。

山口　本田さんは、聖書学者じゃないですか。私たちの大先輩じゃないですか。

本田　いやいや、聖書大好き人間であるだけでしてね。いわゆる聖書学会などに入っていて、いろいろと本を出したり、注解を書いたりしている人たちの言っていることがね、何かピント外れっていうふうにしか見られない時があるのね。なぜ、そういう思いを持ってしまったのかというと、イエス自身が語ったに違いない、これだけは否定できないだろうなっていう言葉「エロイ、エロイ、レマ、サバクタニ」というアラム語だけは、やっぱりその声を聞いて、それを書いたのだろうと思うわけですよ。

山口　ちょっと待ってください。その言葉はイエスが言ったということでは、聖書学者が一致していると、今、おっしゃったのですか。

本田　多くの聖書学者が一致して、これはキリストが語った言葉だろうって。

山口　私が聞いている限りでは、そこで一致していないと思いますよ。

本田　一致していない？

山口　はい。「そうだろう」と言う人たちも、「福音書記者たちが書いたか、その前にそういう伝承があって、みんなが違和感を持たなかったことであったろう」と言う人たちもいます。しかしイエスが本当に言ったかどうかは、分からない。つまり、男性の弟子たちはみんな逃げちゃっていたし、女性たちは遠くから見ていたし、ガヤガヤしているところだと思うので。実際、近くに行ったら一緒に処刑されちゃいますよね、仲間だってわかったら……。だから、それも確証はないですよね。

本田　そうそう。だからね、その言葉ですら、かなりの聖書学者たちが、パーセンテージとして、まあアラム語で語っている以上、だいたいそうだろうなというぐらいの……。その言葉自体が、結局、福音記者の手によって、イエスの口から出たというふうに表現されるような、そういう聖書の書き方だから。結局、そこから何も結論は出てこないわけですよ。

山口　出ないですね。

本田　だから、せいぜい辿《たど》り着くところは、イエスはアラム語をしゃべっていたに違いないから、まあアラム語のマルコのあの表現はいちばん近い。それはマタイだったら、「エリ、エリ、レマ、サバクタニ」になっているからね。ヘブライ語が混ざっているわけですよね。その言葉ですら、結局、福音記者の頭と理解を通して書かれたもの……。

山口　イエスの言葉かもしれないとか、伝承かもしれないとか、言われていますね。

本田　どこでイエス自身と福音記者の、そのズレを読むことができるのかなって。

山口　一言一言、全部イエスの言葉って確定するのは、私たちはできないのではないですか。

本田　ねえ。

山口　たぶん、これはイエスの言葉に非常に近い、だけど、これはちょっとね……っていうようなことはあると思います。それは、やはりさっきおっしゃったように、全体を読んでいくことから、どういう生き方をした人かをとらえることだと思います。言葉が一言違うかどうかわからないところで、言葉だけでイエスを理解するかどうかじゃないと思うのですね。

本田　その通りですね。

山口　生き方って、本田さんもよくおっしゃっていると思いますけど、言葉と出来事、言葉と行動、そのような全体で、受け止めていくのが大切だと、私も思っています。

せめて余計な痛み、苦しみをなくしていきたい

本田　学者というのは「スコレー」から派生している言葉ですね。ギリシア語で「スコラスティコス」、意味は「暇人《ひまじん》」ですよね。

山口 それは、すごい批判ですね（笑）。実は、女性たちには、学問の世界のエリート男性たちから、蔑《さげす》まれて、貶《おとし》められて、差別されてきたって強く感じている人が多いのです。それで、学問に対する反感って、とても強いです。私が留学して勉強したいと言った時に、それまで私は女性運動をやっていたのですが、「あなたも、とうとう男の仲間入りをしたいの？」って言った人たちもいました。私自身も、学者って言われるのが嫌だったし、学問というものには、ちょっと複雑な思いがありました。

でも、学問をして言葉化するのは大切です。問題を言葉化しなかったら、その問題自体がなかったものにされてしまう危険だってありますね。いろいろな痛みを表現するからこそ、その人個人が悪いのではなく、社会構造が問題なんだっていう共感を呼んでいくし、共通認識を作っていくことにもなります。そういう言葉化をすることができるのは、学問によってですね。遊びの学問じゃなく、現場の痛みから由来する学問。だから、どういうところに立って、どういう視点をもって、聖書を読むのかということと、とても共通すると思うのです。大切なのは、どこの視点に立って学問するかでしょう。

本田 そうです、その通り。

山口 本田さんは、すごい学問をしていらっしゃるじゃないですか。

本田　いやいや（笑）。

山口　私もその足元ぐらいにはいたいと思っています。

本田　よく言うよ（笑）。

山口　本当です。でも、長年、学問が、お金と身分のある男性の世界でなされていたのに対して、お金も身分もない女性も学問ができるようになったのは、人間の解放にとって大事だったと思います。

いろいろな異なる痛みを持っている人たちと共に、どうやったら皆が幸せになっていけるだろうか、喜びの涙で一緒にパンを食べられるだろうかを考えていきたいです。痛みを共感できない神学なら、ただの遊びですね。痛み苦しみが溢《あふ》れている中で、せめて余計な痛み苦しみをなくしていきたい。共感共苦に基づく学びが、これからどんどん増えていくことを、切に願っています。

本田　確かに、そうですね。

本田哲郎対談集
福音の実り V

ムケンゲシャイ・マタタ × 本田哲郎

キリストは、すべての人に働いている

格差を生んでしまう教会

マタタ　この一年間の『福音宣教』誌のテーマは、「愛――デウスの『ご大切』を生きる」でした。本田師には、「神を愛し、人を愛す」として、三人の方たちと対談をしていただきました。本田師が中心になってくださったことによって、現代社会が抱える問題について、もしイエスが生きているのならば、どのようにするのかという福音的な視点が提示されて、どの対談もたいへん興味深いものでした。

私が、今、いちばん関心を持っていることは、この対談で「神を愛し、人を愛す」という福音の「証し」がはっきりと見えること、どうしたらこの現代の日本に響かすことができるかということです。私は、イタリアに行くたびに、アッシジの丘に立ちます。そこでフランシスコ会の精神である「小さき者」を、いつも感じています。この福音のメッセージに裏付けされた「小さき者」を、どう日本のなかで「証し」するのか。どうこの精神を実践していったらいいのかを、今回お聞きしたいと思っています。また、あの丘に立つと、大きな空の下、ウンブリア地方の自然の豊かさと人々の営みの調和を見るにつけて、神のいつくしみに包まれていると感じるのです。聖フランシスコが自然を「兄弟姉妹」と呼んでいたのは、しごく、当然のことだと感じました。この世界は、神のいつくしみそのものであると深く思うのです。この点についても、お聞きしたいと思います。

本田　フランシスコ会の精神は、会の中でも誤解されてきました。自分たちこそ「小さき者」として生きるのだという思い込みがあります。あきらかに勘違いです。現実の社会には否応なしに「小さくされた人たち」がいます。フランシスコがやむにやまれず行動を起こしたのは、この仲間（兄弟姉妹）たちの側に立つこと（連帯）でした。この仲間たち自身の期待と尊厳を最優先させる関わりこそ、いちばん大事な問題だと思います。キリスト教の信仰にしても、福音宣教にしても、小さくされている者が置いてきぼりにされて、頭のいい人たちだけがどんどん前に進んでいくのは、決して福音宣教とは言えないですね。イエスも聖書のなかで、「わたしが来たのは、正しい人を招くためではなく、罪人を招くためである」（マルコ２・17）と言われています。そこには、イエスが何を大切にするかの優先順位がはっきりと示してあります。まさに小さくされている者たちが、本当によかったと思えるような社会、つまり神の国が実現されることだと思うのです。

教会には恵みとしての豊かさがあって、教会の外は貧しくて、人々は置いてきぼりにされている。だから教会の人たちは、貧しい人たちに分けてあげなくてはならない。このような考え方は、私たちが小さい頃からよく聞かされてきたものです。教会で、それが正しいとずっと教わってきました。しかし、こういう上から目線の対応は格差を広げるだけです。教会の宣教が進めば進むほど、格差を生んでしまうのですね。教会が貧しい人、小さくされている人たちと向き合おうとする時、誰もが思いつく活動として、炊き出しや夜回りがあります。貧しくて困っているから分けてあげますというのは、小さくされた仲間たちがいちばん尊厳を傷つけられる「あわれみ」と「ほどこし」になると思います。それは、信仰の恵みについても同じで、洗礼を受けたいと望む人には、どうぞと仲間にしていきますが、そうでない人には一線を引く。やはり、教会が見えない形で、格差社会を生んでいるのではないでしょうか。教会の加害性というか、これはいいと思ってやっているのでしょうが、結局、

ムケンゲシャイ・マタタ

教会が社会の格差を再生産することを担ってしまっているのではないかと感じるのです。

このようなことについて、気付いたところからアプローチしていくことが、『福音宣教』誌の使命ではないかと思うのですね。福音宣教は、キリスト教伝道ではありません。「種まき」（与える、教える、守る）ではなく、「刈り入れ」（貧しく小さくされている仲間たちの感性の実りを共有する）です。視座の転換（メタノイア）が求められています。それができないのであれば、辛辣ですが、早く廃刊してしまったほうがいいと思います。

頭のいい人が陥りがちなこと

マタタ　私は、二七歳で、アフリカのコンゴから来日して、まったく何も分からないままに、この釜ヶ崎を訪れました。大阪の日本語学校に通いながら、毎週金曜日、炊き出しのお手伝いなどをしていました。最近、だんだんと感じていることは、この「小さき者」の定義を考えていく上で、構造として格差を生み出している人たちの側も、ある意味で「小さくされた者」だと思うようになりました。お金をたくさん持っていて裕福であっても、貧しい人たちなのだと見るようになりました。
これからの二一世紀の福音宣教を考えていくうえで、経済的に貧しい人ばかりではなく、格差を生み出している人たちにこそ、福音は必要なのだと思うのです。一見、イエスのメッセージなど必要としていないように見える、そういう人たちにも福音的アプローチをしていくべきだと思うのです。福音の心をまだ持っていない人ほど、遠くの世界にいる人ほど、福音を伝えていくべき人だと思うのです。

本田　マタタさんは、すごく頭がいいですね。学者でもあって、大学でも教えている。でも、そういう人たちが、陥りがちな穴に落ちかけていますよ。山上の垂訓の「貧しい人々は幸いである」というイエスのメッセージは、原文では、「心が貧しい」と「経済的に貧しい」ということを区別していないのですね。マタイが言った「心の貧しい人々は幸いである」と、ルカが対象にしていた「貧しい人々」というのは、まったく同じ貧しさなのですよ。マタイの表現は、心底《しんそこ》貧しくされていることを言うために、「プネウマティ」(霊において)をヘブライズムの発想で付け加えているだけです。「心」(カルディア)について言っているわけではありません。マタイが示した貧しい人たちの状態とルカが示した貧しい人たちの状態は、まったく中身は一緒なのです。それを、これまでの学者たちは勘違いをして、経済的に貧しい人だけでなく、心が貧しい人をも注目しないとならないとして、それをさんざん何百年も教会の中で、言い続けてきたわけです。

イエスの時代、すでに、アレキサンダー大王が命じた人頭税（紀元前三世紀）のために、格差はどんどん広がっていたようです。マタイが見た「心底《しんそこ》貧しい人」とルカが見た「貧しい人」には違いがないのです。そこを私たちは、もっと冷静に、イエスは、どういう人たちと向き合っていたのかを見直すことが重要だと思います。イエスは徹底して経済的な貧しさこそ、人間を抑圧していくと、はっきりと見ていたのですね。あっちもこっちもやり出したら、何もできなくなりますから、気をつけたほうがいいと思いますよ。

イエスが頑固なまでにお示しになったこと

マタタ　なるほど、おっしゃるとおりですね。次に、この世界を見た時に、神のいつくしみに包まれていると感じることは、誰でもよくあることだと思います。聖フランシスコのように、自然の中で神の光を感じること、そして教皇フランシスコの意でもある、きれいに神に自然を返すことが本当に大事だと思うのですね。そのためには、あらゆる人々、そして神との対話が必要だと思うのです。本田師のご経験の中から、このことに関してお話をしていただきたいです。

本田　大自然の美しさや調和は、神を身近に感じさせてくれますね。それは事実です。

大自然の美しさは、人間の心を天上に向けさせてくれる。これは間違いない。しかし、アメリカの公民権運動で活躍したキング牧師の人生をかけた生き方を見ると、人間は「抑圧者から、黙っていて解放されることはあり得ない。抑圧されている者が立ち上がって、声を上げなくてはならない」と言っています。これはイエスのスタンスと同じなのですね。『イザヤ書』40章に「谷はすべて身を起こし」「山と丘は身を低くせよ」とあります。だから、やはり私たちはダブルスタンダードにならないように気をつけるべきなのです。頭のいい人は、なりがちですね。うっかりするとそっちのほうに行ってしまいがちです。イエスは、はっきりとまっとうなユダヤ人のためにではなく、罪人のために来たと言われます。それが、すべての人たちにも大きな影響を与えたのです。そしてパウロについて『コリントの信徒への手紙二』でもそうですよ。「力は弱さの中でこそ十分に発揮される」(12・9)。どちらかというと、私も知識をひけらかす傾きがあります。知らず知らずのうちに、流されてしまいます。イエスは、頑固なまでに「貧しい人を優先する」選択をお示しになりました。それは、やはり意味があるのですよ。私たちも、頭のいい人たちの一見バランスのいいような見方から離れるようにしないといけないと思うのです。

私にとって居心地のいいところ

マタタ　釜ヶ崎のような場所では、誰もが好んで生きられるわけではないと思うのです。本田師がここで確信をもって生きて来られたこと、ここで見出したことはどのようなものですか。

本田　私は、ここ釜ヶ崎で、生きる価値を確かめたとか、確信したとかいうことはまったくないのですよ。私が抱えていたいちばんの問題は、ずっと教会のいい子をして育ってきて、人からよく思われようとしている自分、そしてその延長線として、いい神父になりたいと思っている自分に、ハタと気付いて、こんな宗教者であっていいわけがないと思っていました。神の前に立てないと感じたのです。そう感じてから、私は必死に祈りました。しかし、なんの効果も実感も得られませんでした。ひそかに長いこと、苦しみました。そのような時に、釜ヶ崎に初めて訪れました。ここでのいろいろな出会いを通して、自分自身の狭い殻から、独りよがりの考えから解放されたのです。クリスチャンでもない痛みを知る方たちから、神の働きとは、このようなことだと教えてもらったのですね。ここには、生きた信仰の支えがあるのだと思ったのです。主が私を解放してくれたと本当に感じたのです。私にとって、ここ釜ヶ崎がほんまもんの教会だと感じたのです。だから、ここで何か支援の活動をできるからという理由でもなく、ここに居させてもらえるなら、周りの人たちから「おまえなんかいらない」と追い出されるまで、住み続けたいと思っているのです。私は、決して無理しているわけでもなく、犠牲を払っているということでもないのです。私にとって、いちばん居心地がいいところなのです。

「まあ、しゃあないわ」

マタタ　これまでの対談のなかで、あまり出てこなかったキリスト教にとっての重要な言葉があるのですが……。それは、「赦し」です。この釜ヶ崎に住んで、この赦しとは、何であると思いますか。

本田　釜ヶ崎の痛みを知る労働者にとっての「赦し」とは、たとえば小便などに行っている間に、なけなしの着替えや食べ物を入れたバッグが無くなっていたりする。誰が持ち去ったか、だいたい見当が付くわけですが、「まあ、しゃあないわ」と言ってあきらめる。これが、ここ釜ヶ崎での「赦し」なのです。「労働者のミサ」では、こう祈ります。「仲間どうし日々ぎりぎりの暮らしの今、貸し借りはあっても、返せない相手から無理に取り返すこともできず、赦してきました。どうかわたしたちの借り（罪）も赦してください」。

とことん何もないところでは、「まあ、いいや」なのです。だから、私のこれまでの対談の中に「赦し」が出てこなかったということは、この理由からですね。出す必要がないということなのです。バッグが無くなったら、今晩から本当に困るわけですよね。お金のある人から見たら、なんともない額のものでしょうけれど、ここにいる人たちにとっては、あとは炊き出しなどに頼るしかないのです。そんな命がけのような状態で、「まあ、しゃあないわ」と、赦せる人たちが、たくさんいるのです。私が、わざわざ十字架を掲げて、「赦しあいましょう」なんて言う必要があるのかということですね。

すべての人にクリスマスのメッセージ

――釜ヶ崎などのことを考えると、一緒くたに見えるのですが、その貧しさの中でも格差があるわけですね。日本の社会の縮図がここにもあるのだと思うのです。本田師は、特に貧しい人たちの側に立って、ここで活動をされているのかと思います。今のお話を聞いていて思ったのですが、本田師は、全部お手上げという状態の人に、主は訪れていると見たのではないかと思いました。

本田　私は、絶対に、主が誰に訪れていて、誰に訪れていないとかいう見方はしないの

釜ヶ崎の夏祭り

ですよ。神は、みんなに同じように訪れているわけですね。『コロサイの信徒への手紙』や『エフェソの信徒への手紙』の大切なところは、神が人間になって、私たちのもとに来てくださった、私たちとつながってくださったというクリスマスのメッセージのところですね。この人にはキリストがいる、この人にはいないというものではありません。どの人も、キリストの体につながっていて、神の子のいのちにつながっているわけですね。キリストは、すべての人に働いているのです。

あとがき——福音宣教かキリスト教布教か

オリエンス宗教研究所の前所長ムケンゲシャイ・マタタさんと『福音宣教』誌の前編集長の鈴木隆《りゅう》さんに声をかけていただいて、以前から、遠くから、まぶしく注目していた異色の三名の方々、浜矩子さん、宮台真司さん、山口里子さんと対談する機会を得た。経済学、社会学、聖書学と、それぞれ異なった分野でありながら、真実を追求する視座の確かさとブレがないという点で、共通するものを感じた。わたしは三人の方々それぞれの「福音の実り」を、読者のみんなと共に共有（刈り入れ）させていただいたと思っている。

マタタさんとの対談は、大阪・釜ヶ崎でだった。「福音宣教」という看板を掲げるオリエンス宗教研究所への注文も、友だちのよしみで、させていただいた。「福音宣教」と言いながら、キリスト教という宗教の浸透、拡大を目指してはいないか。「福音」イコール「キリスト教」ではない。もっとずっと普遍性をもつもの。この自覚をもって福音宣教に取り組んでほしい、というようなことも言わせていただいた。

読者の皆さんに注目してほしいのは、人を人として大切にしたいという四人の方々に共通する思い。宗教やイデオロギーを超えたところで、弱い立場に立たされている仲間たちをさらに踏みにじるような社会を見過ごすわけにはいかないという生き方を感じ取ってほしい。

イエス・キリストがすべての人、一人ひとりに求めることは、どの宗教を選択すべきかではなく、「互いに大切にしあうこと、これこそわたしの掟である」（ヨハネ15・12—本田訳）に尽きる。

釜ヶ崎には「キリスト教協友会」というのがある。五〇年くらい前に結成されたようだ。その結成にあたって確認された規約には、「私たちはキリスト教を伝道しない」とうたっており、共通の標語はこれ「人を人として」である。したがって、協友会のメンバーにはカトリック、プロテスタント、特定の宗教に属していない人、さまざま。「福音宣教」が日常茶飯に実践されているように思う。

二〇一六年七月

本田哲郎

V ムケンゲシャイ・マタタ

1960年生まれ。コンゴ民主共和国出身。オリエンス宗教研究所前所長。上智大学非常勤嘱託教員。アウグスティヌス大学（言語哲学）、サン・シプリアン神学大学卒。上智大学大学院神学研究科修了。共著『キリスト教と日本の深層』他。

・聞き手――編集部

対談者——対談順

Ⅰ 本田哲郎（ほんだ・てつろう）
1942年生まれ。65年、上智大学を卒業し、フランシスコ会に入会。71年、司祭叙階。72年上智大学大学院神学研究科修了。78年ローマ教皇庁立聖書研究所卒業。89年より大阪釜ヶ崎にて日雇い労働者から学びつつ聖書を読みなおし、「釜ヶ崎反失業連絡会」などの活動にも取り組む。

Ⅱ 浜　矩子（はま・のりこ）
1952年生まれ。エコノミスト。同志社大学大学院ビジネス研究科教授。一橋大学経済学部卒業後、三菱総合研究所主席研究員として英国駐在員事務所長を務め、帰国後は経済に関するコメンテーターとして活躍。

Ⅲ 宮台真司（みやだい・しんじ）
1959年生まれ。社会学者。映画批評家。首都大学東京教授。仙台市生まれ。京都で育つ。東京大学大学院博士課程修了。社会学博士。国家論、宗教論、性愛論など幅広い分野で単著二十数冊、共著を含めると百冊の著書がある。MIYADAI.com。

Ⅳ 山口里子（やまぐち・さとこ）
1945年生まれ。日本聖書神学校に学ぶ。1988年よりハーバード大学神学部とエピスコパル神学校（EDS）で学び、1996年にEDSより博士号取得。ストーニーポイント・センター常駐神学教師、ニューヨーク神学校、ニューアーク神学校講師を経て帰国。2000年より日本フェミニスト神学・宣教センター共同ディレクター。

●本書は月刊誌『福音宣教』二〇一五年の特別企画として一月号から十二月号まで掲載された対談記事を再編集したものです

福音の実り
——互いに大切にしあうこと——

●

2016年９月20日　初 版 発 行
2019年６月20日　第３刷発行

著　者　本田哲郎，浜 矩子，宮台真司
山口里子，M・マタタ

発行者　オリエンス宗教研究所
代　表　C・コンニ
〒156-0043　東京都世田谷区松原2-28-5
☎ 03-3322-7601　Fax 03-3325-5322
https://www.oriens.or.jp/
印刷者　有限会社　東光印刷

ISBN978-4-87232-096-1　Printed in Japan